Konrad Dangkrotzheim

Das heilige Namenbuch

Konrad Dangkrotzheim

Das heilige Namenbuch

ISBN/EAN: 9783744638111

Hergestellt in Europa, USA, Kanada, Australien, Japan

Cover: Foto ©Andreas Hilbeck / pixelio.de

Weitere Bücher finden Sie auf **www.hansebooks.com**

DAS HEILIGE NAMENBUCH

VON

KONRAD DANGKROTZHEIM

HERAUSGEGEBEN

MIT EINER UNTERSUCHUNG ÜBER DIE CISIO-JANI

VON

KARL PICKEL.

STRASSBURG.
KARL J. TRÜBNER.
LONDON.
TRÜBNER & COMP.
1878.

Buchdruckerei von G. Otto in Darmstadt.

AN
PROFESSOR WILHELM SCHERER
IN BERLIN.

Ihnen, verehrter Freund, eignen wir die Sammlung zu, die wir hiermit eröffnen. Wir wünschen mit ihr zu bezeugen, dass das von Ihnen so erfolgreich begründete germanistische Studium an der Universität Strassburg auch jetzt noch in Ihrem Sinne fortgeführt wird: mit liebevoller Würdigung auch der gering erscheinenden Dinge im Bereiche unserer Wissenschaft, mit stätem Hinblick auf die hohen Ziele, auf die grossen Leistungen, deren sie sich rühmen darf.

Die deutsche Litteratur des Elsasses ist unzweifelhaft der jeder andern Landschaft unseres Vaterlandes wenigstens ebenbürtig: es genüge dafür auf Ihre glänzenden Schilderungen in der 'Geschichte des Elsasses' zu verweisen. In dem für unsere Sammlung abgesteckten Zeitraume aber mag das Elsass wohl, im Ganzen betrachtet, als die litterarisch thätigste und wichtigste Provinz erscheinen. Hier war die Reformation, das tiefste Interesse dieser Zeit, am gründlichsten vorbereitet: sie ward hier am eifrigsten vertheidigt. Hier regte sich — gerade in der drohenden Gefahr — zuerst wieder das deutsche Nationalgefühl und rief, als es auf politischem Gebiete den Thatsachen gegenüber verstummen musste, noch wissenschaftliche Werke hervor, die mit unter den bedeutendsten Vorläufern unserer deutschen Alterthumswissenschaft zählen.

Wir werden diese Zeit zum Gegenstand von Arbeiten machen, die den nicht geringen Anforderungen der deutschen

Philologie Genüge thun sollen. Wir verhehlen uns nicht, dass eine vollständige Sammlung, auch in einem weniger strengen Sinne unternommen, nicht bloss unsere Kräfte übersteigen würde. Wir sehen von allem ab, was auf diesem Gebiete von andern bereits in wissenschaftlicher Weise bearbeitet worden ist oder wofür eine solche Bearbeitung in Aussicht steht. Was uns bleibt, soll, so hoffen wir zuversichtlich, an Menge und Güte ausreichen um unsere Arbeit nicht als kleinlich und nutzlos erscheinen zu lassen.

Indem wir diese Arbeit unser nennen, sprechen wir zugleich im Namen der jüngeren Genossen unseres Unternehmens. Wir vertrauen darauf, dass es uns an solcher selbstständiger Unterstützung auch künftig nicht fehlen werde.

Strassburg, 7. Juni 1878.

Ernst Martin.
Erich Schmidt.

INHALT.

	Seite.
I. DIE ÜBERLIEFERUNG DES NAMENBUCHS . . .	1
II. LEBEN UND WERK DANGKROTZHEIMS . .	3
III. DIE LATEINISCHEN CISIO-JANI	19
IV. DIE DEUTSCHEN CISIO-JANI	43
V. DIE IN ANDERN SPRACHEN ABGEFASSTEN CISIO-JANI	71
VI. VERGLEICHUNG DES NAMENBUCHS MIT DEN CISIO-JANI	74
TEXT DES NAMENBUCHS .	77
ANMERKUNGEN	98
REGISTER ZUM NAMENBUCH	. 118

I.

Das heilige Namenbuch Konrad Dangkrotzheims, oder wie er selbst es nennt, *das heilig nambuoch*, war bis zum Brande der Strassburger Bibliothek 1870 erhalten in einer daselbst befindlichen Handschrift der ehemaligen Johanniterbibliothek Bibl. Arg. B 142, bestehend aus 11 Blättern in 4°; dann in einem zu Strassburg ohne Jahreszahl, aber vermuthlich um 1530 erschienenen Drucke, 10 Blätter in 4°. Eine kurze Vergleichung von Handschrift und Druck hat Massmann in den Heidelberger Jahrbüchern 1826, S. 1176—1180 gegeben. Durch die Güte des Herrn Oberbibliothekars Prof. Dr. O. von Heinemann ward es möglich, das Exemplar der herzoglichen Bibliothek zu Wolfenbüttel hier zu benützen. Es ergab sich, dass dem Drucke nicht jene Hs. zu Grunde gelegen haben kann, da er zwei dort fehlende Verse (72. 401) erhalten hat und auch sonst vielfach bessere Lesarten aufweist. Wahrscheinlich war die dem Drucker vorliegende Hs. eine ältere, vielleicht das Manuscript des Verfassers; ich glaube das daraus schliessen zu dürfen, dass während in der Handschrift der Name des Dichters, dessen Schreibung wir aus von ihm selbst ausgestellten Urkunden kennen, an den zwei Stellen, an denen er sich nennt (v. 311 und 529), beidemale etwas verändert Danckrotzheim geschrieben ist, der alte Druck die richtige Form Dangkrotzheim bietet. So erscheint der Name auch in einigen Versen, die dem Gedichte auf dem Titel des Druckes vorangehn.

Das heilgen Nambuoch.

Das heilge nambuch, dat nenne mich
min diechter Dagkrotzheim d' sinrich,
Ordenung der heiligen und deßglich
monat deß jors zeug ich rustrofflich.

*Den jungen zu bericht ser tröstlich
befindet myn leser eygentlich.*

Schwerlich sind übrigens diese Verse vom Dichter selbst
seinem Werke vorausgeschickt. Zwar die Spielerei mit den
Reimen, die in den 6 Versen die gleichen sind, entspricht
ganz der Art Dangkrotzheims: ich verweise nur auf v. 508
bis 520 des Namenbuchs, wo der Dichter nicht weniger als
11 gleiche Reime hinter einander folgen lässt, ohne selbst
darauf Rücksicht zu nehmen, dass ein Reimpar nicht vollständig wird. Aber das Selbstlob *der sinnrich* stimmt
nicht zu seiner Bescheidenheit und ebenso widerspricht jener
Annahme die ungeschickte, unklare Ausdrucksweise dieser
Verse.

Unter den Titelversen des Druckes ist noch ein Holz-
schnitt beigefügt, der Jesus als Kind im Tempel lehrend
darstellt: vor seinem Katheder ebenfalls sitzend, aber auf
Schemeln, und mit Büchern, zwei Schriftgelehrte; rechts vom
Beschauer ein dritter stehend, links stehend Joseph und
Maria. Der ganze Titel ist von Zierleisten eingefasst, die
geschmackvoll, aber von verschiedenen Mustern entnommen
sind.

Der Druck unterscheidet sich von der Handschrift durch
eine etwas modernisierte Schreibweise. Aber auch die der
Handschrift ist nicht ganz die urkundlich bezeugte des Dichters,
welche in dem unten folgenden Texte herzustellen versucht
worden ist.

Bis jetzt lag nur ein Abdruck der Hs. vor, welchen auf
die Aufforderung von Graff, Diutisca 1, 292 A. W. Strobel
veranstaltet hat in den Beiträgen zur deutschen Literatur
und Literärgeschichte, Paris und Strassburg 1827, S. 105
bis 129.

Ausserdem sind für die Kenntnis des Dichters werthvolle
Beiträge gegeben worden von F. J. Mone in der Zeitschrift
für Geschichte des Oberrheins II. (1851) 323—326; von
August Stöber im Elsässer Samstagsblatt 1859 und von J.
Franck in der Allgemeinen deutschen Biographie IV, 737 ff.

II.

Cuonrat Dangkrotzheim, der sich als den Verfasser des heiligen Namenbuchs an zwei Stellen, v. 34 und 529, selbst bekennt, wird ausserdem noch erwähnt in dem Verzeichniss der Kolmarer Meistersinger (in der Ausgabe der Meisterlieder der Kolmarer Handschrift von Bartsch S. 7 Nr. XIV), ferner in B. Hertzogs chronicon Alsatiae, Edelsasser cronick, getruckt zu Strassburg durch Bernhart Jobin, 1592, IX. 155: er nennt sich selbst noch in einigen von ihm ausgefertigten Urkunden, die sich im Königsbrücker Archiv zu Lichtenthal befinden und von denen Mone einen Abdruck gegeben hat a. a. O. Einige andere Urkunden von ihm, die sich, allerdings in jüngerer Abschrift, im Copialbuch der Abtei Stürzelbronn vorfanden, sind mit der Strassburger Bibliothek 1870 ein Raub der Flammen geworden, nicht aber, wie J. Frank a. a. O. angibt, in der neu errichteten Strassburger Bibliothek zu finden.

Die genannten Quellen geben uns Aufschluss über Heimat, Lebenszeit und Stellung unseres Dichters.

Ueber sein Heimatsland zunächst kann man nicht lange in Zweifel sein. Die durch Reime belegten Sprachformen, besonders die häufigen Reimverbindungen $â:ô^1$, $œ:ê^2$, iu oder $ü:i$, $î^3$ weisen auf das Elsass hin. Dazu stimmen die von ihm gebrauchten Monatsnamen. Bekanntlich haben die einzelnen deutschen Landschaften bezüglich der Benennungen der Monate ihre Eigenthümlichkeiten, die auch durch die im 15. Jahrhundert in Gebrauch gekommene und besonders durch den 1473 erschienenen Kalender Johann Küngsbergers (Regiomontanus) verbreitete gemeindeutsche Monatsreihe sich nicht ganz haben verdrängen lassen; das gilt besonders von den Namen der 4 letzten Monate. Das Elsass nun, welches hier

---

[1] *jar : vor* 412 488 525, *daror : offenbar* 125, *cron : gan* 28, *kramen : komen* 270, *nach : loch* 108, *olen : holen* 432, *sossen : muszen* 544, *stat : tot* 64.

[2] *schvene : Magdalene* 216, *uffharen : leren* 510, *raren : speren : heren* 519.

[3] *güder : snider* 482, *vorrir : gehör* 312, *kint : fründ* 326, *erlühter : bihter* 120, *regelshir : für* 318, *rüsten : baptisten* 188.

nicht mit den übrigen alemannischen Landschaften übereinstimmt, sondern auch hier, wie in sprachlicher Beziehung, die Vermittlung zwischen dem fränkischen und alemannischen Gebiete bildet, unterscheidet sich von den übrigen Landschaften dadurch, dass der Name Hertmond, der sonst dem Januar eigen ist, für den December gebraucht wird. Wir wissen das besonders aus einem Elsässischen Kalender, der in einer Kopenhagener Handschrift des XIV. Jahrhunderts überliefert ist, abgedruckt in Haupts Zeitschrift VI, 350 ff. Dass auch im Namenbuch der December *Hertmonet* genannt wird, (v. 355) beweist wieder die elsässische Abkunft des Dichters.

Ein dritter für sich allein schon genügender Beweis ist die Erwähnung mehrerer specifisch Elsässischer Heiligen, das heisst solcher, die, weil sie im Elsass gelebt und, meist als Bischöfe von Strassburg, gewirkt, nur oder vorzugsweise im Elsass verehrt wurden und sich deshalb nur in Elsässischen Kalendern vorfinden. Es sind das

Arbogast, v. 213 *und der heilige Sant Arbogast.* Nach Jacob Wimpfelings catalogus episcoporum Argentinensium 1508 fol. VIII. und Hertzog, Edelsass. Chronik IV, 67 war er der sechste Bischof von Strassburg, von 641—668. Er findet sich als Heiliger für den 21. Juli an Stelle der sonst an diesem Tage verehrten Praxedis, die in unserm Namenbuch auf einen andern Platz, vor Apostelheilung, gerückt ist. auch in dem eben genannten Elsässer Kalender der Kopenhagener Handschrift, (Els. Kop. Kal.) und im Strassburger calendarium oeconomicum practicum perpetuum vom Jahre 1740; dann noch in einem unter Nr. 4 zu besprechenden deutschen Cisio-Janus, der aus diesem Grunde vielleicht dem Elsass zuzutheilen ist.

Adolf, v. 253 *Adolf zuo Strosburg bischof was.* Er war Strassburgs 18. Bischof, von 780—790. Das cal. oec. nennt ihn als Heiligen für den 29. August an Stelle des in den nicht-elsässischen Kalendern erscheinenden Festes decollatio Johannis. Für den ganzen Sprengel des Strassburger Bisthums war der Adolphstag, der Tag der Einweihung des Münsters, ein hohes Fest; vgl. Anm. zu v. 253.

Florentz, v. 333 *und der heilige Sant Florentz.* Er war

Nachfolger Arbogasts auf dem Strassburger Bischofsstuhl, den
er bis zu seinem Tode 676 inne hatte und wird im Els. Kop.
Kal. und cal. occ. als Heiliger für den 7. November aufgeführt.

Eine nur im Elsass verehrte Heilige ist endlich Aurelie,
v. 302 *do kumet Sant Aurelie her*, im cal. occ. fälschlich auf
den 5., im Els. Kop. Kal. richtig auf den 15. October gesetzt.
Auch die nähere Heimat des Dichters kennen wir: sein
Wohnort war Hagenau. Dangbrotsheim von Hagenau wird
er im Verzeichniss der Kolmarer Meistersinger genannt;
Hertzog führt ihn unter der Zahl der Schöffen von Hagenau
auf; in seiner Eigenschaft als solcher stellte er die erwähnten
Urkunden aus. Im Namen Dangkrotzheim glaubte man den
Namen seines Heimatsorts zu sehn und zwar meint Strobel,
Beiträge zur deutschen Literatur und Literärgeschichte S.
VIII, dieser sei das heutige Dangolsheim in der Nähe des
Städtchens Molsheim, während Mone Danckrotzheim für
identisch erklärt mit dem jetzigen Dengelsheim, einem Dorfe
zwischen Drusenheim und Fortlouis, ganz in der Nähe des
durch Goethe bekannt gewordenen Sesenheim: in den Urkunden
des Klosters Schwarzach, welches dort einen *dinckhoff* hatte,
wird dies stets Danckratzheim oder Danckrotzheim genannt;
so in den von Grimm, Weisthümer 1. herausgegebenen, wo
es S. 736 *Danckrotzheym, ist ein richs dorff* heisst, welches
Grimm übrigens irrthümlich nach Dangolsheim verlegt, wo
nach Mone das Kloster Schwarzach nie begütert war. Indessen
auch der alte Name von Dangolsheim war Danckratzheim:
denn nur dieses kann gemeint sein, wenn in einem liber
specificationum des Frauenwerkes vom Jahre 1351, *welches
die rechte und gewohnheiten der Ambahtlüte des Frauenwerkes
aufzählt*, unter den Dörfern, *den man zu pfingesten pfennige
git*, Danckratzheim genannt wird: *Item den von Danckrats-
heim fünf schillinge*, (Stöbers Alsatia 1852, 212), da alle hier
genannten Ortschaften südlich oder westlich von Strassburg,
gegen Schlettstadt und Zabern zu, liegen. Und Hertzog bemerkt III, 26 bei der Aufzählung der *Stätte, Schlösser und
Dörffer zwischen der Hasel und Mosig: Danckoltzheim Oder
wie in alten Brieffen zu finden Danckrhatsheim.*

Man könnte also in Zweifel sein, an welchen dieser beiden Orte zu denken sei; indessen weit zweifelhafter erscheint mir, ob wir überhaupt in Daugkrotzheim den Namen des Heimatsorts unsres Dichters und nicht vielmehr seinen Geschlechtsnamen zu sehn haben. Mone nimmt an, sein Geschlechtsname sei ein andrer gewesen: er denkt an Clobellouch, den Namen einer im Elsass und Speiergau weit verbreiteten Familie; auf dem Pergamentstreifen, welcher das jedenfalls den Namen führende Siegel, dessen Schrift theilweise nicht lesbar ist, mit der Urkunde verbindet, steht dieser Name geschrieben. Das ist jedoch nicht von Bedeutung; denn auf dem Pergamentstreifen der zweiten Urkunde, die ebenfalls mit Dangkrotzheims Siegel versehen ist, steht ein andrer Name, Cappel Ulrich; ausserdem passen die auf ersterem Siegel leserlichen Buchstaben nicht zum Namen Clobellouch, es sind die Buchstaben S. CONADI. S ... EA ... NKRAZEM; auch ist das Wappen der Clobellouch ein etwas anderes, als das auf den Siegeln: diese zeigen eine heraldisch nach rechts gekehrte Pfeilspitze, wohinter auf dem Siegel der zweiten Urkunde ein Engel als Schildhalter steht; das Wappen der Clobellouch ist dagegen ein mit der Spitze nach oben gerichteter Pfeil (es ist abgebildet bei Hertzog VI, 182.); unter den vielen in der Edelsasser Chronik abgebildeten oder beschriebenen Wappen ist nur eins, welches eine nach rechts gerichtete Pfeilspitze zeigt, das der Sicken (VI, 102); diese sind indessen eine Strassburger Familie; dann passt der Name ebenfalls nicht zu den Buchstaben des Siegels, so dass an sie auch nicht zu denken ist.

Ueberhaupt liegt wohl kein Grund vor zu bezweifeln, dass der Name, mit dem sich der Dichter im Namenbuch, der Schöffe in den Urkunden selbst nennt, sein Geschlechtsname ist, zumal auch Hertzog, der doch sonst die Geschlechtsnamen der zu nennenden Personen angibt, ihn ebenfalls einfach Conradt Danckoltzheim nennt: wir werden also im Namen Dangkrotzheim — so schreibt er sich selbst in den Urkunden, und so ist sein Name im alten Druck des Namenbuchs geschrieben, während in dem Verzeichniss der Kolm. Meisters. Dangbrotsheim, in der Handschr. des Namenbuchs Danckrotzheim, in der Edelssas. Chronik endlich Danckoltzheim geschrieben ist — den Familiennamen unsres Dichters sehen. Immerhin ist es möglich, dass seine Familie aus einem jener beiden Dörfer stammte und seine Vorfahren bei der Uebersiedelung nach Hagenau sich den Namen beilegten. Uebrigens gehört die Familie der Dangkrotzheim nicht zu den Hagenauer Patricierfamilien; Hertzog führt sie weder im X. Cap., welches *von alten Adenlichen auch Burgerlichen geschlechten zu Hagenau, ihren Wappen und Genealogien* handelt, mit auf und erwähnt überhaupt nur noch einmal einen Mann des Namens, Johann von Danckoltzheim, als Schultheissen von Hagenau im Jahre 1369 (IX. 154), woraus hervorgeht, dass sich die Familie dennoch eines gewissen Ansehens in der Bürgerschaft erfreute.

Genaueres wissen wir über unsers Dichters Lebenszeit. Nach Hertzog wurde er im Jahre 1402 und zwar *uff montag nach dem wüsten sonntag* zum Schöffen erkoren: da wir wol annehmen dürfen, dass er hierzu nicht vor dem 30. Lebensjahr gewählt wurde, werden wir sein Geburtsjahr nicht nach 1372 anzusetzen haben. Als sein Todesjahr gibt Hertzog 1444 an: *starb uff Mittwoch nach dem Schuwertag* anno 1444*. Als Abfassungszeit des Namenbuchs bezeichnet der Dichter selbst v. 524 u. 525 das Jahr 1435, so dass er es im Alter von ungefähr 60 Jahren geschrieben haben würde. „Das Gedicht ist in der That das Erzeugniss eines frommen, schlichten und gemüthlichen Alten, dem es hienieden noch recht behaglich ist und der sich mit heiterm Sinne zu der ihm lieben Kinderwelt und zu frischem Volksleben hingezogen fühlt". (Stöber a. a. O.) Ohne diese ausdrückliche Angabe dürfte sich aus dem Gedichte wol schwerlich ein Anhaltepunkt betreffs seiner Lebenszeit gewinnen lassen. Deutliche Hinweise auf historische Ereignisse seiner Zeit fehlen ganz. Da wir seine Lebenszeit kennen, möchten wir vielleicht in einigen Stellen eine Hindeutung auf ein von ihm erlebtes Ereigniss erblicken: v. 183, 184

und der heilige herr Sant Vit,
an dem vil trostes und hoffens lit

und 206, 207

* Aschermittwoch.

*Ulrich (sin fisch bringet an der hand);
der hat über die gelider craft.*

Dangkrotzheim schrieb das wol mit Hinblick auf den zwei Decennien vorher, besonders in den Jahren 1417 und 1418 in Strassburg, wie im übrigen Elsass wüthenden Veitstanz, von dem nur die Schutzpatrone der mit Fallsucht, Gicht, Veitstanz behafteten, Veit und Ulrich, befreien konnten, zu deren Kapellen, besonders der Veits bei Zabern, die Kranken in Scharen wanderten. (Stöber in Frommann, deutsche Mundarten VI, 4.)

Was die Stellung unsres Dichters betrifft, so war er ohne Zweifel Schullehrer. Nicht nur dass er ein Schulbuch schreibt — denn als solches ist doch unser Namenbuch zu betrachten — in dem fast jedes Blatt von seiner innigen Liebe zu den Kindern, besonders der Schuljugend, Zeugniss ablegt, wie sie nur ein Lehrer zu seinen Schulkindern haben kann, weisen einige Stellen des Namenbuchs mehr oder weniger deutlich darauf hin. Die Rettiche, Rüben, das Rindfleisch in den Versen 165—167

*des fröwent sich min gesellen, die buoben
und kament uns rettich und ruoben
et cetera rintfleisch in das hus,*

kann man doch wol schwerlich anders, wie als Geschenke, die die Schüler am Urbanstag ihrem Lehrer bringen, deuten; eben daran kann man nur denken, wenn es v. 304—307 heisst:

*So bringet der bihter Sante Galle
sin gallestucke in einem körbel getragen.
Das süllent ir üwern muoter sagen,
wann es des meisters schuolrecht ist.*

Einen deutlichen Hinweis auf des Dichters Stand enthält endlich v. 343, in dem der Dichter die Katharine *die allerliebste mine* nennt, das heisst seine Patronin. Katharina galt bekanntlich als Beschützerin der Wissenschaften. So berichtet Lasicz[*] über sie: *Literarum studiosi Catharinam virginem Alexandrinam velut alteram Minervam colunt.*

[*] Johann Lasicz: de diis Samagitarum coterorumque Sarmatarum et falsorum Christianorum, 1580 abgefasst, woraus ein Theil abgedruckt in Haupts Zeitschr. I, 138—149.

Daneben bekleidete nun Dangkrotzheim lange Jahre hindurch das Amt eines Schöffen, wahrscheinlich ununterbrochen. Die von ihm ausgestellten Urkunden sind aus der Zeit von 1410—1431; die zwei im Königsbrücker Archiv befindlichen aus den Jahren 1410 und 1430, die verloren gegangenen von 1412, 1413, 1415, 1421, 1431. Wahrscheinlich blieb er bis zu seinem Tode Schöffe. Ueber die Stellung und Befugnisse der Hagenauer Schöffen, die Zusammensetzung des Schöffencollegiums in damaliger Zeit, spricht ausführlich Hertzog im II. und IV. Capitel des IX. Buchs seiner Chronik. Nicht unpassend findet einiges davon vielleicht hier eine Stelle.

IX. II. S. 149: *Es haben die Schöffen zu Hagenaw anfenglichs uber 200. jor die Administration allein gehabt, das gericht besessen, und die Statt regirt, auch keinen gelitten, er wer dann vom Adel unnd einem guten alten geschlecht das auch Adelmässig. Als aber bey zeiten und Regierung keyser Carol des vierten die Schöffen das gemein einkommen und gefell zum theil in jren nutz gebrauchten und grosse partheiligkeit under jnen und jren geschlechten für fiele, das sie sich nit konden mit einander vereinigen, dann dazumahl namen sie das ungelt, einer heut der ander morgen unnd theten der gemein darumb kein Rechnung dann sie vermeinten die Statt stunde allerdings an jnen allein und kam grosz unglück und zwitracht hievon under den Handtwercksleuten dieweill niemandts von den Schöffen noch von den jhren konte bezalt werden unnd wolte keiner den andern lassen fürkommen, da gieng ein jeder zu seinem Handtwerck, das jne huldigte, dann es war dazumal also, das sich ein jedes Handtwerck einem Schöffen anhengig machte unnd derselb Schöff behalff sich auch als dann mit demselben Handtwerck und gebrauchte seinen vortheil damit. Dise klag kam für die Römische keyser und könige, als sie nun vernamen das die Statt nur an den zwölff Schöffen stunde und wante, und das dieselben mit der Statt gut handleten nah jhrem willen und gefallen, darzu sich partheylich hielten mit den urtheln, darumb sprach keyser Carol der viert Anno 1324 zu den Erbaren leuten zu Hagenaw, die solches dazumahl vor jre kayser. May. brachten: ir sollen nemen ausz ewern Handtwercken noch als viel der Schöffen*

seind, damit uberstimmen jr sie. Dises geschahe unnd wurden
vier und zwenzig zu den Schöffen von den Handtwercken inn
den Raht gezogen, welches noch heutigs tags die vier und
zwentziger heissen und werden järlichs und jedes Quatember
auszer den Schöffen einer zum Stetmeister, und ausz den vier
und zwentzigen ein Marschalk, so die Statt regieret, gezogen,
damals bawreten sie gleich das Rahthausz unnd lütten zu Raht,
giengen auch bei dem eydt in den Raht, als der Brieff aus-
weiset, den man alle jar schwöret, der jnen auch damals
von obgenantem könig Caroln gegeben wardt und war zuvor
nit gebreuchlich, das man in den Raht leuten thet.

Ganz dasselbe, oft mit denselben Worten, wird in einer
Papierhs. von dem ursprung und auffkommen der Statt
Hagenau (abgedruckt in Stöbers Alsatia 1868—72 S. 339
bis 350) berichtet, die Hertzog jedenfalls benutzt hat.

Einige Jahrzehnte darauf erhob sich über die Aufnahme
von Handwerkern in das Schöffencollegium grosser Streit,
über dessen Ausgang Hertzog IX. IV, 153 so berichtet: *da
wolten die Schöffen man solte andere Edelleute kiesen zu
Schöffen und keinen von den Handtwercken darzu nemen, darumb erhube sich ein grosser streit und es was auch unzimlich
dann man fande damals under den Handtwercken auch taug-
liche leut und es bracht der Raht zu weg inhalt des Brieffs
so man järlich schwört, das im jar 1391 drey schöffen von
den Handtwercken erkieset worden, als Ritter Hans, Voltzel
Duchscherer und Bechtholt Ferber.*

Wahrscheinlich ist auch unser Dangkrotzheim einer von
diesen aus den *handtwercken* gewählten Schöffen gewesen.

Ausserdem war er nun auch dichterisch thätig. Hagenau
zeichnete sich ja als eine Wissenschaft und Dichtung hegende
und befördernde Freistätte aus, und war schon damals bekannt durch seine Buchhandlungen, aus denen sich im 16.
Jahrh. jene grossartigen Hagenauer Buchdruckereien ent-
wickelten. Das musste gewiss höchst anregend auf Dangkrotzheims geistigen Bildungsgang einwirken und so nimmt
es uns kein Wunder, wenn wir ihn im Verzeichniss der
Kolmarer Meistersinger in der Reihe dieser mit aufgeführt finden. Tragen wir also kein Bedenken, diesem Zeug-

nisse Glauben zu schenken, so erregt dagegen begründeten
Verdacht eine ebenda sich findende Notiz, die ihm die Autorschaft
eines Gedichts zuschreibt, das sonst unter des Dichters
Muscatblüt Namen überliefert und auch von Groote in seine
Ausgabe der Muscatblütschen Gedichte als Nr. 23 mit aufgenommen
ist. Die Notiz lautet: 19 *Dyss ist in Muscatblüt
nuwem ton von der schopfunge und der geburt VII lieder.
der ton stet hien nach.

Er merckent alle besunder;*
und im Register steht zu diesem Liede bemerkt *In Muscatblut
nuwem ton daz hat Dangbrotsheim von Hagenauw gemacht.*

Nichts Auffallendes hat zwar die Benutzung eines von
einem Dichter erfundenen und ihm eigenen Tons durch einen
andern (vgl. Jacob Grimm, über den altdeutschen Meistergesang
S. 111 und 112). Ohne alle Bedeutung ist indessen,
was vielleicht als Beweis für die Autorschaft Dangkrotzheims
vorgebracht werden könnte, dass sich einzelne Worte und
Wendungen des Gedichts auch im Namenbuch wiederfinden,
wie *gebiur* v. 9 im Namenbuch v. 312 und 315 vorkommt;
lustliche spise v. 16 an Namenbuch 230 *wie wol sie lustlich
uszersliest; von legen und pfaffen* v. 54 an Namenbuch 289
*pfaffen und legen; Ace voller gnaden! got mit dir ist an
schaden* v. 33 an Namenbuch 113 *are vol gnaden! got mit
dir ist;* die Bezeichnung der Jungfrau Maria als Joachims
und Annen Kind v. 32 an Namenbuch 368 *die enpfengnisse
unser lieben frouwen do sie Joachim umbefing* erinnern könnte;
diese Redeweisen sind nicht vom Dichter selbst erfunden,
sondern aus geistlichen Schriften entnommen und stereotyp
geworden. Dass sich unser Dichter solcher Redeweisen
mit Vorliebe bediente, werden wir unten ausführlicher
erörtern.

Dagegen ist schon aus sprachlichen Gründen das Gedicht
dem Verfasser des Namenbuchs abzusprechen. Reimverbindungen
wie *gnaden : schaden* 33, *tagte : eragte* 81 sind
bei Dangkrotzheim, wie überhaupt in Elsässischen Gedichten
schon desshalb nicht möglich, weil â in der Elsässer Mundart
zu ô wird, a dagegen a bleibt. Gegen die Autorschaft

Dangkrotzheims spricht ferner die ausdrückliche Nennung Muscatblüts als Verfassers zum Schluss des Gedichts ganz in der Art Muscatblüts: *spricht Muscatblüt*, und der Umstand, dass es schon in den ältesten Handschriften, die die Muscatblüt'sche Liedersammlung enthalten, so in einer zu Lebzeiten Dangkrotzheims vor Abfassung des Namenbuchs im Jahre 1433 geschriebenen, diesem ausdrücklich zugesprochen wird. (Aufsess, Anz. f. Kunde des deutsch. Mittelalters I, 260, 233.) Auch der Inhalt, die ganze Art der Darstellung stimmt zu der Muscatblüt'schen, so dass wir keinen Anstand zu nehmen brauchen, es gegen das Zeugniss des Kolmarer Meistersingerverzeichnisses unserm Dichter ab und Muskatblüt zuzusprechen.

Uns ist also nur ein Werk Dangkrotzheims bekannt, das heilige Namenbuch.

Sein Inhalt ist entsprechend der eigentlichen Bedeutung des Worts Namenbuch, womit man in späterer Zeit die Fibeln bezeichnete, im wesentlichen eine Aufzählung von Heiligen nach der Aufeinanderfolge der Tage ihrer Verehrung geordnet, wie er selbst am Anfang des Gedichtes sagt:

> *Zuo erste tuot es dir offenbor*
> *alle lieben heilgen durch das jor,*
> *wie die noch einander gant*
> *und in den zwölf monetten stont.*

Indessen ist das nicht eine einfache trockene Aufzählung — eine für ein Gedicht etwas undankbare Aufgabe — sondern es sind zwischen die Heiligennamen Bauernregeln, Wetterbeobachtungen, Gesundheitsregeln u. dergl. glücklich eingestreut. Der Ton ist ein naiver, herzlicher, gemüthvoller, die Sprache eine einfache, schlichte, nicht ungewandte.

Fassen wir des Dichters Ausdrucksweise etwas näher in's Auge, so wird eine Wiederholung gewisser Worte und Redeweisen bald auffallen, nicht nur solcher, die offenbar Lieblingsworte des Dichters waren, wie *geroten, rorabe* u. a., sondern einer Anzahl höchst prosaischer, nämlich den Heiligen beigelegter Epitheta. Es ist das eine um so auffälligere Erscheinung, als sich, abgesehen von jenen Lieblingsworten, der Dichter einer gewissen Abwechslung befleissigt; doch lässt sie sich höchst einfach erklären. Jene Epitheta sind nicht vom

Dichter selbst ersonnen, sondern von ihm aus Martyrologien, Legendarien u. dergl. Werken entnommen. Das zeigt eine einfache Nebeneinanderstellung von Epithetis, die den Heiligen im Namenbuch, wie in Martyrologien beigelegt werden: wir wählen aus der Zahl der letzteren das dem Kop. Els. Kal. beigegebene und ein selbständig in einer Münchener Handschrift Cgm. 837 vom Jahre 1450 sich findendes.

Martyrol. Monacense.	Els. Kop. Kal.	Namenbuch.
Mathyes XII pot	Sant Mathis day ein zwelffbotte	91. Der zwölfbotte Sant Mathis.
	Thimoteus ein zwelfbotte.	56. Thymotheus der zwölfbotte.
Barnabas der XII pot.	Sant Barnabas ein zwölffbotte.	182. und Sant Barnaba der zwölfbotte
Jacobus.	Sant Jacob ein zwelfbotte	218. Jacobus der mere, zwölfbotte.
Andreas der XII pot.	Sant Andres ein zwelfbotte	352. Andreas der zwölfbotte.
Matheus der XII pot und evangelist.	Sant Matheus ein zwelfbotte und ein evangeliste.	274. Matheus zwölfbotte und evangelist.
Sant Marcus evangelist	Sant Marx ein evangeliste.	130. Sante Marx der evangelist löbenlich.
Lucas der evangelist	Sant Lucas ein evangeliste.	308. Santus Lucas der evangelist.
Oswaltus künig marterer	Sant Oswalt ein künig.	236. Künig Ohswalt.
Wensenlaus herezog, kunig, martrer.	Sant Wentzeler ein hertzoge aus Beheim ande marter.	280. Sant Wentzelaw der was hertzog der stat von Proge.
Marcellus ein pabst.		52. Marzolff des bobst.
Calistus pabst und marteler.	Calistus ein bobest.	301. Calistus bobest und marteler.
Nicolaus pischof.	Sant Nicolaus ein pischof.	364. Niclaus bischof und herren.
Thomas pischof	Sant Thoman von Cantelberg ein bischof.	398. Von Cantelberg bischof Thomas
Paulus der erst einsidel.	Sant Paulus der erste einsidel.	51. Paulus der erst einsidel im walde.
die entphenkunss unser frawen.	Alse unser frowe enpfangen wort.	368. die enphengnisse unser lieben frowen.

— 14 —

Martyrol. Monacense.	Els. Kop. Kal.	Namenbuch.
unser frauwen himelfart.	alse unser frowe zuo himmel fuor.	240. unser frouwe ... und zu irme kinde varen.
gepurt Maria der muter gotes	Unser frouwen tag alse sie geboren wart.	263. unser lieben frowen zart das ist als sie geborn wart.
Dorothea ein junckfrau und martrin.		81. Die edele junkfrowe Sant Dorothee.
Juliana junkfrau mertrin.	Sant Juliana ein magt unde ein martlerin.	86. Juliana die jungfrowe ein.

Der Einwand, den man gegen eine wissentliche Benutzung solcher Werke Seitens unseres Dichters erheben könnte, diese meist den Stand der Heiligen angebenden Epitheta seien eben die bezeichnendsten und der Dichter habe wohl kaum andere oder passendere wählen können, ist nicht stichhaltig. Eine Vergleichung der in den beiden Martyrologien den Heiligen beigelegten Epitheta ergibt, dass diese in einer grossen Anzahl von Fällen verschiedene sind, was um so mehr beachtet zu werden verdient, als es den Schreibern dieser höchst prosaischen Werkchen doch nicht um einen Wechsel des Ausdrucks zu thun sein konnte. In solchen Fällen weist entweder auch das Namenbuch andere Epitheta auf oder es schliesst sich an eins der beiden Martyrologien, meist das Münchener, an.

Verschieden sind die Epitheta in den drei Schriftchen z. B. in:

Mart. Mon.	Els. Kop. Kal.	Namenbuch.
Bonifacius pischof zu Mainez.	Sant Bonifacie unde sine gesellen.	174. Der bobest Bonifacius.
Unser lieber vater Augustinus.	Sant Augustinus ein bischof.	250. Der lerer sant Augustin.
Der unschuldigen kindlin tag.	der kindelin tag.	393. Der seligen kindelin tag.
Johanes der taufer.	Johanstag zu sungihten.	188. uff sant Johans den baptisten.

Mit Els. Kop. Kal. stimmt das Nmb. z. B. überein, in		
Johannes der ewangelist als er in das öl gelegt wart.	Sant Johannes marter vor der latinen porten.	158. Johans vor der latinschen porten.

Mit Martyrol. Monacense, während das Els. Kop. Kal. abweicht, in:

Gregorius der gross lerer und pabst.	Sant Gregorie der bobest.	99. Sante Gregorium den lerer.
gross wirdig riter Sant Jorg.	Sant Georie ein marteler.	128. und der ritter Sant Jergen.
das heilig crenz als es gefunden ist worden.	die vindung des heiligen crützes.	150. das heilige crütz, als es zuo Ostern funden wart.
Erasmus der gross lieb heilig marter.	Erasmus ein marteler.	173. Der heilig Erasmus.
der gross Christoferus.	Christoff'el ein marter.	220. Christoforum den grossen man.

Dies, glaube ich, thut zur Genüge dar, dass derartige Ausdrücke von Dangkrotzheim aus ähnlichen Werken, wie die beiden Martyrologien, entnommen sind und zwar möchte ich behaupten, dass er sie nicht aus der Erinnerung niederschrieb, sondern eins dieser Werkchen vor sich hatte. Nur unter dieser Annahme nämlich finden wir eine Erklärung für eine auffällige Erscheinung im Namenbuch, die so häufig vorkommende asyndetische Aneinanderfügung von Heiligennamen ohne Prädicat, wie z. B. v. 85 und 86:

Der himelfürst Sant Valentin.
Juliane die iungfrowe ein

und in einer grossen Anzahl andrer Stellen, die in der Anm. zu v. 52 zusammengestellt sind. Diese kann ich nur so erklären, dass der Verfasser des Namenbuchs ein Martyrologium vor sich liegen hatte und wo er Excurse für unnötig fand und ein Reim leicht herzustellen war, einfach die einzelnen Zeilen aus seiner Vorlage herausschrieb und wie dort unter einandersetzte.

Halten wir damit die Benutzung fremder Werke für erwiesen, so werden wir auch misstrauisch gegen andere Partien des Gedichts, besonders die aus der Legende oder biblischen Geschichte entnommenen Theile sein und uns fragen, ob Konrad diese aus dem Gedächtniss entnommen oder auch hier eine Vorlage gehabt. Die Uebereinstimmung einzelner Redeweisen mit den betreffenden Stellen der Bibel, wie v. 74—76

> *der gerecht Simeon forhtsam*
> *das kindelin in sin arme nam*
> *und huop domit an und sehree:*
> *Nune dimittis domine*

mit ev. Luc. 2, 29. oder 387

> *der erste marteler Sante Stephan,*
> *der sach den himmel offen stan*

mit Apostelgesch. 7, 55 würde natürlich nichts beweisen: wol aber würde ich eine Bestätigung meiner Vermuthung darin sehen, wenn die von ihm bei Anspielungen oder der Wiedergabe von Legenden und dergl. gebrauchten Ausdrücke sich auch in andern ähnlichen Werken wiederfänden. Und das ist in der That der Fall. In einer Anzahl von Fällen werden im legendarischen Theil von Hermanns von Fritzlar *heiligen lebinc* (Deutsche Mystiker, herausg. von Pfeiffer I.) gerade dieselben Scenen aus der Legende erzählt und mehrmals dieselben Ausdrücke gebraucht. Ich stelle hier einige zusammen:

Hermann von Fritzlar.	Namenbuch.
S 51. und cant sante Paulum stende uffe sinen knien und sine ougen waren gekart gen dem himel und sin munt stunt alse her betete.	*50 Paulus der östbte sin leben in grosser renie*
96. und do lit dirre aposlole in tatschen landen und dikein mere.	*91-94. Matthis der lit zuo Trier und brach das is und ist dishalb des meres see in tütschen landen kein zwölfbotte me.*
236. Man hilfet in ouch wole mit almusen. Ze dem dritten mâle hilfet man in mit innigem gebete u. s. w.	*329. und wellest den tag kein almuosen sparen.*
[Es fragt sich wem man helfen soll] *und ein ieclich sinem vatere und siner mutere und die im geholfen haben zu eime guten lebine.*	*323. und warten uff das gemeine gebet*
	324. Eins ist din minne, eins ist din ette so was eins sust din guoter friunt.

237. und alle sine bant di er hate
zu dirre ketin di worden alle
los
240. darumme heizet her der milte
sente Mertin.
13. dise jungvrouwe (Barbara)
hate ein gelubde von gote, wer
iren abent vastet und iren tag
virt oder ir sunderlich gebet
heldet, dise mugen nicht gesterben sundern ruwe und bichte
und gotis lichamen.
164. dô her sprach: dir sint vergeben alle dine sunde.

332. der bantloeser Sante Lienhart.
336. und der milte Sant Martin.
360—362. Sant Barbel müzig ist
zu stercken,
was lätes sich in irn dienst
gout,
die sterben nit ons sacrament.
217. Der vergap ir sünde selbs
got.

Bemerkt zu werden verdient noch, dass auch die Ueberschrift des Werks Fritzlars mit den Versen des Namenbuchs, in denen der Inhalt desselben angegeben wird, übereinstimmt. Die Ueberschrift von *der heiligen lebine* lautet:

S. 6 *Hie hebet sich ane das buch von der heiligen lebine durch das Jor alse si nach der zit gevallen*, die betreffende Stelle im Namenbuch

v. 39—41 *Zwo erste tunt es dir offenbar
alle lieben heiligen durch das jor,
wie die noch einander gont.*

Dies soll natürlich nicht eine Benutzung der *heiligen lebine* oder vielmehr jenes grossen, Erklärungen von Evangelien u. s. w. enthaltenden Sammelwerks, das um 1340 bestand,[*] beweisen, so wenig wie die oben zusammengestellten Epitheta eine solche jener Martyrologien, sondern zeigen, dass der Dichter einer Vorlage sich bediente und zwar in ziemlich ungezwungener Weise. Ich denke mir diese als eine Sammlung von Legenden oder vielmehr legendulae, wie eine lateinische z. B. in einer Münchener Handschrift Cgm. 686 mit der Ueberschrift: *Incipit pronunctiamentum de Sanctis per Annum* vor mir liegt, die auf 50 Blättern die Legenden der meisten Kalenderheiligen kurz dargestellt enthält.

Das Verdienst Dangkrotzheims wird dadurch natürlich nicht geschmälert. Der volksthümliche, naive Ton, den er

---

[*] Vgl. Joseph Haupt, Beiträge zu den deutschen Mystikern, I.

anschlägt, die herzliche Liebe vor allem zu den Kindern, die
durch das Ganze athmet, das Heranziehen alles dessen, was des
Menschen Herz bewegt, was die Natur ihm an leiblichem und
geistigem Segen bietet, die glückliche Vereinigung dieses mit
den prosaischen Heiligenaufzählungen, das bleibt sein un-
bestrittenes Eigenthum und das ist es doch gerade, was das
Büchlein zu dem macht, was es sein soll, einem Schul- und
Volksbuch, das ist es, was es geeignet macht, seinen Zweck
zu erfüllen

> *den kinden zuo schuolen (zu) locken*
> *und simelkuochen in milrown brocken*
> *und in den süeszen hunigseim.*

Noch bleibt ein Wort zu sagen übrig über die Wahl
des Stoffes, der doch im wesentlichen aus einer Aufzählung
der Kalenderheiligen besteht. Eine solche als Inhalt eines
Schulbuchs hat für die damalige Zeit nichts Auffälliges.
War doch zu einer Zeit, in der man in Ermangelung
unsrer heutigen Kalender das Datum nicht nach der Zahl
des Tags im Monate, sondern nach den unbeweglichen Festen
oder den Tagen gewisser Kalenderheiligen bestimmte, die
Kenntniss dieser, sowie ihrer Aufeinanderfolge für Jedermann
unumgänglich nöthig und so suchte man schon in der Schule
den Kindern diese Tage fest einzuprägen. Bei der beträchtlichen Anzahl derselben nahm das nicht geringe Zeit in An-
spruch und bildete deshalb neben dem Auswendiglernen der
10 Gebote, des Vaterunsers, von Kirchenliedern und der
Grammatika bis ins 17. Jahrhundert einen nicht unwesent-
lichen Theil des Schulunterrichts. Es lag also nahe, gerade
diesen sprödesten Theil des Unterrichts, vor dem der Schuljugend wol nicht mit Unrecht am meisten grauen mochte,
durch eine angemessene Bearbeitung für sie geniessbar zu
machen.

Uebrigens waren ja solche Zusammenstellungen von
Heiligen in Versen für Schulzwecke nichts Neues; vielmehr
hatte sich eine förmliche Gattung solcher Gedichte in den
letzten Jahrhunderten ausgebildet, auf die, so verschieden
auch ihre äussere Gestalt meistens von der unsres Namenbuchs ist, wegen ihrer inhaltlichen Verwandtschaft etwas näher

einzugehen gestattet sein möge, zumal durch eine Vergleichung mit ihnen manche Vorzüge unsres Gedichts, die sonst leicht übersehen werden könnten, mehr hervortreten werden. Ich meine den Cisio-Janus.

III.

Wenn ich den Cisio-Janus etwas ausführlicher bespreche, als vielleicht unbedingt nöthig erscheinen möchte, so geschieht das zum Theil, um dieser Gattung von Gedichten zu ihrem Rechte zu verhelfen, die wegen ihres ungestalten Aeussern, seit sie wieder aufgefunden, das heisst seitdem man in der Mitte des vorigen und Anfang dieses Jahrhunderts auf sie wieder aufmerksam wurde, vielleicht wie keine andre Litteraturgattung verachtet und verkannt, stets nur mit Tadel und Schmähungen überhäuft wurde, welche noch dazu grösstentheils von denen ausgingen, von denen man dies am wenigsten erwarten sollte, den zahlreichen Herausgebern und Bearbeitern derartiger Gedichte. So erklärte man, abgesehn davon, dass man dem Cisio-Janus allen poetischen Werth absprach, ihn wenn auch nicht mit Panzer für zwecklos, so doch theilweise für sinnlos, während doch eine genauere Betrachtung bald ergeben haben würde, dass letzterer Vorwurf ganz unberechtigt, der erstere Fehler, der Mangel an poetischem Werth, milder zu beurtheilen sei.

Der eigentliche und ursprüngliche Cisio-Janus, auch Cysianus und Cisivanus, von seinem Anfange so genannt, enthielt in 24 lateinischen Hexametern, 2 für jeden Monat, die meist nur durch die Anfangssilben angedeuteten Namen der unbeweglichen Feste und der Kalenderheiligen. Und zwar war die Einrichtung so, dass je 2 für einen Monat bestimmte Verse so viel Silben, wie der betreffende Monat Tage zählten; dass ferner durch die Stellung der ersten Silbe eines Heiligennamens zugleich der Monatstag seiner Verehrung bezeichnet wurde, indem sie die gleiche Stelle innerhalb der beiden betreffenden Verse oder innerhalb des ganzen Cisio-Janus einnahm, wie der betreffende Tag im Monat oder im ganzen

Jahre. Die ganze Einrichtung war also derartig, dass, wie Chyträus in der Ueberschrift zu einem von ihm im Anhang seiner Chronologia Herodoti et Thucydidis abgedruckten Cisio-Janus sagt, *syllabis in digitum digestis pueri Calendarium integrum ediscere et memoriter circumferre possent.* In Betracht kommen also besonders die Anfangssilben der Heiligennamen, während die übrigen Silben zwar den Werth eines Tags haben, nicht aber ein Fest oder einen Heiligen bezeichnen. Deren waren übrigens nicht gar viele, und wo sollte auch Raum für sie sein in einem Gedicht, in welchem auf den engen Raum von 24 Hexametern nicht weniger als 140—180 Namen von Heiligen und Festen zusammengedrängt waren, und ausserdem auch noch ein Plätzchen übrig bleiben muste für den Namen des Monats und einige erklärende oder wie Grotefend und andere Herausgeber wollen „nichts bedeutende Worte?"

Die letzteren sind meist Verba, dazu bestimmt, die Heiligennamen in ein grammatisches Verhältniss zum Monatsnamen zu bringen; meist ist der Monatsname Subject, das Verbum transitiv und von diesem werden nun die betreffenden Heiligennamen als abhängig gedacht und, wenn sie ausgeschrieben sind, auch in den entsprechenden Casus, also meist den Accusativ gesetzt; vorausgesetzt dass das ohne Störung der Silbenzahl geschehen kann.

So ist im Januar Subject *Janus* (Januarius). Prädicat: *sibi vendicat** und davon sind die Namen als Objecte abhängig: *Cisio* = circumcisio domini, das erste Wort steht aber doch im Nominativ, weil wenn *cisionem* geschrieben würde, dadurch die erste Silbe des Wortes *epi* = epiphania auf die 7. Stelle von der ihr zukommenden 6. gerückt würde.

Im September ist der Satzbau: *Sep*(tember) *habet* = September hat.

Etwas erweitert ist der Satz beim Mai: *Maius in hac serie tenet:* Der Mai hat in folgender Reihenfolge, dann gegen Ende *in pede*, zum Schluss noch . . . .

---

* vendicat ein mittellat. Wort und nach Dieffenbach, gl. ssarium mediae et infimae aetatis S. 610 nicht ganz gleichbedeutend mit vindicare, sondern = usurpare, acquirere.

Anders ist die Construction bei den übrigen Monaten:
Februar : *Februo* scil. sunt, worauf die Namen im Nomin.,
im 2. Vers aber *conjunge tunc inde* zu diesen füge noch
hinzu, wovon nun der Accusativus abhängig ist: *Petrum
Mathiam*.

Der März lautet: *Martius decoratur*, wozu ablat. *officio
Gregoriano*, dann *juncta Maria Genitrice*, ablat. absol. = wozu
Maria hinzuzufügen ist.

April ovat* in festis, der April freut sich der Feste:
von *festis* sind nun abhängig die Genitive *Tiburti, Ambrosii,
sancti Geor(gii), Marci, Vitalis*.

Im Juni heisst es: *Jun dat*, dabei steht aber nicht der
Accus., sondern Genitiv. Wir werden deshalb *dat* als Abkürzung von dator anzusehen haben.

Juli : *Juli*(o) *occurrunt***, im Juli begegnen uns.

Oktober : *Sub Octobre**** scil. sunt.

November : *Novembre cole* im November verehrte;
succedunt, dann folgen noch.

Das Prädicat fehlt im December: vielleicht wird hier
der December im Nom., gleichsam als Ueberschrift vorangesetzt und nun folgen alle darin vorkommenden Tage im
Nominativ.

Prädicat wie Monatsname fehlen ganz im August, ausgenommen in einem Cis. (Nr. 22), wo letzterer durch *ibi*
bezeichnet wird; indessen haben wir Grund, zu vermuthen,
dass auch im ursprünglichen Cis. der Monatsname wenigstens
gestanden hat, vgl. Anm. zu v. 15.

Wir sehen also, dass so sinnlos wie Grotefend (Ersch
und Grubers Realencycl. unter Cisio-Janus), Krause (Rostocker
Gymnas. Progr. 1875 S. 11) und andre glauben, diese Worte
nicht sind und dass wir nicht mit ersterem (Mones Anz. 1870
S. 282) anzunehmen brauchen, dass ursprünglich vernünftigere
Verse zu Grunde lagen, da ihr Sinn ja ganz klar, die Satz-

---

* ovare nach Dieffenbach, S. 403 ouare a pueris qui tunc letantur
quum dantur iis ova. In Graphäus Calendar. (vgl. unten) heisst es *April
Ambrosis gaudet*.

** Vgl. Anm. zu v. 13.

*** Vgl. Anm. zu v. 19.

construction höchst einfach ist. Wir können nur die Mannigfaltigkeit in der Ausdrucksweise bewundern, mit der der unbekannte Verfasser des ersten Cisio-Janus in jedem Monat die Heiligennamen in andrer Weise zu denen der Monate in Beziehung gebracht hat.

Dass dagegen der Sinn der übrigen, besonders der abgekürzten Worte für jeden Uneingeweihten in mystisches Dunkel gehüllt und ohne Erklärung fast unverständlich war, geben wir zu und mag das Panzer zur Entschuldigung dienen, wenn er diese Wörter *nichts bedeutend* nennt; besonders ist die Schuljugend zu bedauern, für die ja diese Art besonders bestimmt war, weshalb man diesen Cisio-Janus oft hinter Kinderbüchern und Gebetbüchern abdrucken liess, und auch Luther und Melanchthon nicht versäumten, den von ihnen herausgegebenen Katechismen und Gebetbüchlein dergleichen Cisio-Jani beizufügen. Dass vollends poetischen Werth ein Werk, das lediglich praktischen Zweck verfolgte, das bei möglichster Kürze möglichste Reichhaltigkeit erstrebte, das einen leicht verständlichen Sinn bieten, in regelrechtem Versmass geschrieben sein sollte und in dem nun noch jedem Wort und jeder Silbe ihre bestimmte Stelle angewiesen war, wodurch natürlich der Dichter an jeder freien Bewegung behindert war, nicht haben konnte, ist wol nicht weniger klar und halte ich es deshalb für ungerechtfertigt, sich immer wieder über die „kläglichen, erbärmlichen, geschmacklosen" Verse zu ereifern, wie die meisten Herausgeber thun. Hat doch selbst Melanchthon eine glattere, elegantere Form nur dadurch herzustellen vermocht, dass er von einem Hemmniss sich befreite, indem er die Zahl der Heiligen, wie wir später noch zeigen werden, auf $1/5$ reducirte.

Der eigentliche Cisio-Janus nun ist uns in einer beträchtlichen Anzahl von nicht nur bezüglich der Orthographie, in Fehlern und Versehen, sondern auch bezüglich der Anzahl und Namen der erwähnten Heiligen theils mehr, theils minder von einander abweichenden Recensionen erhalten, theils in Handschriften, theils in alten Drucken und zwar besitzen wir solche Cisio-Jani aus dem 13.—16. Jahrhundert. Nach Haltaus, der in seinem Calendarium medii aevi praecipue Germanicum S. 153 einen Cisio-Janus aus einer pergam. Hs. des 14. Jahrhunderts (abgedruckt in Ersch und Grubers Real-Encyclopädie unter Cisio-Janus) veröffentlichte, hat in neuerer Zeit auf den latein. Cisio-Janus wieder aufmerksam gemacht Naumann in einer Abhandlung im Serapeum 1848 S. 38, worin er nach einer kurzen Besprechung des Zwecks und Wesens auf einige im Druck erschienene aufmerksam macht, dann selbst aus einer pergam. Hs. des 14. Jahrh. aus Leipzig eine Recension mittheilt: eine dritte wurde herausgegeben von Dr. Bickel aus einer Marburger Hs. und endlich gab eine Uebersicht über alle ihm bekannten mit Zusammenstellung der Varianten Dr. Grotefend im Anzeiger für Kunde der deutschen Vorzeit. 1870 S. 280—284. 300—311; hierzu einen Nachtrag im Anz. 1871 S. 308—310.

Danach kannte er 19 Recensionen: ausser dem mit Bick. bezeichneten, von Bickel herausgegebenen (Grotefend Nr. 1), dem Haltausschen (Nr. 4), dem im Serapeum abgedruckten (Nr. 3) folgende:

Nr. 4 (Grot. 3) Steff., von Steffenhagen nach einer aus Preussen stammenden Hs. des 14. Jahrhs. herausgegeben.

5. a. Prager Cis., in Dobner monum. Boemiae I, S. 174.

b. Kalendarium der Prager Universität: Monumenta hist. Univ. Carolo-Ferdinand. Prag 1830 u. Zeitschrift für Schles. Geschichte Ver. VII, 308.

6. a. Breslauer: Zeitschr. für Schlesische Geschichte Ver. VII, 312.

b. Aus dem Zinsbuch von Liegnitz: ebenda.

7. Hild. Zeitschrift des histor. Vereins für Niedersachsen 1855 S. 189; aus dem Nekrologium des Klosters Weenhausen von c. 1470.

8. Lutherische. a. im Betbüchlein mit Kalender und Passional, Wittenberg 1530.

b. in Reinh. Luthers enchiridion piarum precationum, Wittenberg 1543.

9. Cisio-Janus, hoc est kalendarium syllabicum Lucae Lossii, Wittenberg 1551.

10. Der in Chyträus chronologia Herodoti et Thucydidis S. 33 des Anhangs sich findende.*

11. Colerus, calendarium oeconomicum et perpetuum. Wittenberg 1591. Vgl. Serapeum XXX, S. 303.

12. Kalender des Johannes von Gmunden. Bei Grotefend Gam. Nr. 18.

13. Computus novus et ecclesiasticus. Wien 1512. Grot. Nr. 19. Wien.

14. Computus novus et ecclesiasticus. Kracov. 1514 und 1518. Grot. Krak. Nr. 20.

15. Computus vulgaris, Antwerpen 1521. Grot. Ant. Nr. 21.

16. Summarius computus. Summ. Nr. 22.

17. Diurnale horarum secundum ordinem breviarii eccl. Numburgensis. Nürnb. 1492. Nmb. Nr. 23.

18. Computus cum commento. Comm. Nr. 24.

19. Computus manualis magni Aniani. Man. Nr. 25.

Die Zahl dieser Bearbeitungen liesse sich noch um ein beträchtliches vermehren: ich füge einige von mir verglichene hinzu:

Nr. 20 ein aus dem Conceptbuch von Albert von Beham, der in der ersten Hälfte des 13. Jahrhunderts lebte, von Höfler in der Einleitung zu seinem Werke: Albert von Beham und die Regesten Pabst Innocenz IV. S. XXIV, (Bibliothek des literar. Vereins zu Stuttgart XVI.) abgedruckter Cis., auf den auch Latendorf Anz. 1871 S. 207 noch einmal aufmerksam macht, ohne ihn vollständig zu collationieren.

Nr. 21 ein Cis., der sonderbarer Weise von allen Bearbeitern, auch Grotefend übersehen worden ist, wiewohl er sich doch in einem Werke findet, aus dem letzterer einen andern Cis. entnommen hat, nämlich in Chytraei chronologia Herodoti et Thucydidis, Helmstadii MDXCIII.** Ausser dem von Naumann schon erwähnten und von Grot. mit Chytr.

---

* Vgl. Nr. 21.
** Ich weiss nicht, ob er in der von Grotefend benutzten Ausgabe vom Jahr 1586 fehlt.

bezeichneten (bei uns Nr. 10) auf S. 33 des Anhangs ausgedruckten mit der Ueberschrift *series dierum totius anni omnium et festorum praecipuorum* findet sich vorher bei dem S. 20—32 abgedruckten Calendarium ecclesiae Christianae der Abdruck einer andern Recension und zwar so, dass die einzelnen Silben auf die betreffenden Tage vertheilt sind, also Silbe unter Silbe steht. Er ist keineswegs, wie man vielleicht glaubte, mit Nr. 10 identisch, obwohl er sich eng an ihn anschliesst. Abgesehn von einer Anzahl Abweichungen in der Schreibung, mehreren Versehen und Irrthümern des Schreibers von Nr. 20, die zeigen, dass er wenig Verständniss für das Geschriebene hatte*, unterscheidet er sich durch eine nicht unwichtige Variante von Nr. 10. V. 10 weist er nämlich gegen 10 *Urbanum sequitur Pe*, die Lesart der übrigen Hs. auf *Urban in pede Cris Can*.

Nr. 22 ein in einer Hs. der Fürstl. Fürstenberg. Hofbibliothek zu Donaueschingen Nr. 28. des XIV. Jahrhunderts, erhaltener, geschrieben im Jahre 1360.

Nr. 23 ein Cis. in der Münchener Handschr. Cgm. 4425 nebst einem deutschen Cis. einem Kalender beigegeben.

Die Abweichungen dieser Abfassungen bezüglich der erwähnten Heiligen sind nun der Art, dass in einem Cis. weniger, in einem andern mehr Namen sich finden, indem solche auch an Stellen stehn, die in andern Nebensilben von Namen oder Verbindungsworte einnehmen, wie v. 2 ein Theil *Paulus*, ein audrer *Pau Po.*, ein Theil v. 14 *occurrunt Prax. Mag.* ein andrer *Arnolfus Prax. Mag.* bietet. Oder es bieten die verschiedenen Cisio-Jani für einen Tag und ein Fest verschiedene Namen: so wird das Fest quattuor coronati v. 21 in einigen Bearbeitungen durch *qua*; in andern durch *co* bezeichnet: das Fest der heiligen Ursula und der 11000 Jungfrauen v. 20 in einem Theile durch *Ur*, dem andern durch *un* (undecim millia). Die am häufigsten vorkommenden Abweichungen bestehen endlich in Aufzählung verschiedener Heiligen für einen Tag.

---

* *Ang* statt *Ag*; *Basil* st. *Blasi*; *Cytinus* st. *Cyrinus*; *Don* st. *Don*; *Britijque* st. *Briceiique*.

Alle diese Abweichungen erstrecken sich nicht auf einzelne Recensionen, sondern eine jede ohne Ausnahme weist ihre eigenthümlichen Varianten auf, theilweise so wesentliche und in solcher Anzahl, dass Grotefend daran verzweifelt, den ursprünglichen Grundtext oder nur einen, der einen vernünftigen Sinn bietet, herzustellen. Er gibt den Text einfach so, wie ihn die Mehrzahl der Abfassungen bietet, im Uebrigen begnügt er sich, die Varianten übersichtlich zusammenzustellen. Mit allzugrosser Schwierigkeit scheint mir nun die Auffindung des ursprünglichen Grundtextes nicht verbunden zu sein: nur muss man sich vorher Klarheit über die Entwicklung des Cisio-Janus zu verschaffen suchen und den Weg, den diese eingeschlagen, rückwärts verfolgen.

Der Cisio-Janus könnte auf zweifache Weise entstanden sein und sich entwickelt haben. Entweder könnte, wie Grotefend annimmt, der ursprüngliche Cisio-Janus nur eine geringe Zahl von Heiligen und um so mehr erklärende Worte umfasst haben, die allmählich durch Einschieben von mehr und mehr Heiligen verdrängt wurden, wodurch der Cisio-Janus so „entstellt" wurde, wie er in den erhaltenen Recensionen vorliegt; oder man könnte Anfangs die Heiligennamen ohne verbindende Worte in Verse zusammengestellt, dann um den Kindern das Erlernen und Verständniss etwas zu erleichtern, solche Heilige, deren Verehrung nicht allgemein üblich war, entfernt und dafür einige Sinn und Zusammenhang herstellende Worte eingesetzt haben. Für den ersten Augenblick möchte man wol geneigt sein, sich für letztere Annahme zu entscheiden und eine Bestätigung darin finden, dass wir ja solche einfache Zusammenstellungen von Heiligen, wenn auch in Prosa, in jenen schon oben erwähnten Kalendermartyrologien besitzen, dass ferner in spätern Bearbeitungen, wie denen des Colerus, besonders aber Melanchthons, in der That die Zahl der Heiligen zu Gunsten der Form und des Inhalts um ein Bedeutendes vermindert ist. Indessen zeigt die Vergleichung mit einer nachweisbar zu den ältesten gehörenden Bearbeitung, der Behams, die an vielen Stellen, an denen sich in andern Heiligennamen finden, erklärende Worte gibt, darunter einen Theil der oben zusammengestellten Prädicate, dass die Entwicklung des Cis. in der That den zuerst angegebenen Weg gegangen ist.

Voreilig indessen wäre es, nun ohne weiteres mit Grotefend den Cisio-Janus als den ältesten anzusehn, der die geringste Anzahl Heiliger aufweist; vielmehr ist eine strenge Scheidung vorzunehmen zwischen ursprünglichen und später eingeschobenen Heiligen: letztere sind auszumerzen, und durch die Worte zu ersetzen, die dafür in andern, älteren Recensionen sich finden, während dagegen dem Cis. mit Recht zukommende Heilige nicht durch derartige Worte, selbst wenn sie in der Mehrzahl der Bearbeitungen sich finden sollten, verdrängt werden dürfen.

Zunächst wäre zu untersuchen, welcher Art die später eingeschobenen Heiligen sind.

Eine Betrachtung der in den einzelnen Abfassungen erwähnten Heiligen ergibt, dass neben einer überwiegenden Majorität in dem Gros der Bearbeitungen sich findender Heiligen andere nur in grösseren oder kleineren Gruppen, einige nur in wenigen oder einer Recension genannt werden. Und bei einer Untersuchung der zweiten Classe stellt sich heraus, dass sie sich recrutiert

1) aus Heiligen, deren Leben und Heiligsprechung in die Zeit der Entwicklung des Cisio-Janus fällt,

2) aus National- und Localheiligen,

also solchen Heiligen, deren Erscheinen oder Fehlen in den einzelnen Cisio-Jani mit der Verschiedenheit der Zeit und des Orts in Beziehung steht.

Um zu zeigen, in welchem Umfange und in welcher Weise Nationalheilige im Cisio-Janus Aufnahme fanden, mögen die Varianten, die einige solcher Gruppen gegenüber der Mehrzahl der übrigen, wie unter sich zeigen, hier Platz finden.

Eine besonders scharf hervortretende Gruppe ist die, welche man die böhmisch-polnische oder slavische nennen könnte, repräsentiert durch Nr. 4 (Steffenhagens Cis.), Nr. 5 a und b (Prag), Nr. 6 (Breslau), Nr. 14 (Krakauer computus ecclesiasticus), an die sich hie und da noch Nr. 13 und 17 anschliessen, die indessen hier, da diese Uebereinstimmungen von geringer Bedeutung sind, ausser Acht gelassen werden können.

Gemeinsam weist diese Gruppe gegenüber den meisten übrigen Bearbeitungen zwei Heilige auf.

V. 9 Stanislaus, dem man einen Platz verschaffte durch Verdrängen des entbehrlichen *latin* bei *Johan latin*. Dieser am 8. Mai verehrte Heilige starb 1079 als Bischof von Krakau, wurde 1253 von Innocenz IV. unter die Heiligen versetzt und war Schutzpatron der Polen und benachbarten Völker.

V. 17 Hyacinth (auch Nr. 12 und 17), indem *Pro. Jaci.* statt *Protiqua* geschrieben ist. Er war Mönch des Predigerordens, den er in Böhmen, Schlesien, Polen ausbreiten half und wurde am 11. September, natürlich besonders in den eben genannten Gegenden, verehrt, aber, wie aus der Erwähnung in Nr. 12 und 17 ersichtlich ist, auch in weiterem Kreise.*

Es sind das also zwei Heilige, deren Verehrung besonders in den slavischen Ländern üblich war.

Innerhalb dieser Gruppe schliessen sich enger an einander an Nr. 4, 6, 14: sie haben gemeinsam folgende Heiligen:

V. 18 Stanislaus *(Sta. Wen.* statt *Da Wen.)*.

V. 19 Hedwig *(Cal. Hed.* statt *Calix.)*, Herzogin von Polen, gestorben 1243, verehrt am 15. Oktober.

Wir werden also diese 3 Cisio-Jani als speciell polnische ansehen dürfen.

Nr. 4 und 5 haben gemeinsam V. 5 *Translatio* scil. Wenceslai, welches statt des bei Beham sich findenden *officio* eingesetzt ist, also wieder einen Böhmen, der zwar auch in andern Cis. erwähnt wird, aber nicht hier, sondern v. 18 als Heiliger für den 28. September, wo ihn diese beiden Fassungen wiederholen.

V. 21 Ludmilla *(The Lu* statt *Theo)*, Erzieherin von Wenceslaus, Herzog von Böhmen.

In demselben Verse

Fra? *(Mart. Fra.* statt *Martin)*.

* Vielleicht ist der Name auch in Halt. *Prot. Ju.* versteckt statt des Behamschen *Prot. Ma.*

Nr. 5 und 14 haben V. 13 statt *Udal.* = Udalricus, Bischof von Augsburg *Procop*, Abt von Prag, verehrt am 4. Juli.

Nr. 6 und 14 V. 11 Vincentius (*Bo. Vin.* statt *Boni*) als Heiligen für den 6. Juni: es kann das sowohl Vincentius, Bischof von Chieti, wie der mit Benignus zusammen an demselben Tage verehrte Märtyrer des Namens sein.

V. 15 Dominicus, (*Pro. Do.* statt *Protho*), 4. August.

Endlich hat Nr. 5 ganz allein

V. 5 Longinus (*Gregorio Long* statt *Gregoriano*), Märtyrer, 15. März.

V. 8 Petrus Diaconus (*Pet.* statt *et*), 17. April.

V. 18 Ludmilla (*Lu.* statt *Eu.*). Herzogin von Böhmen, verehrt am 16. September.

V. 13 Hus (*Procop Hus* statt des in Nr. 5 und 14 sich findenden *Procopi* oder von *Udal Oct* der übrigen Cisio-Jani), gemeinsam mit einigen nicht zu dieser Gruppe gehörenden Recensionen:

V. 14 Anna (mit Nr. 13), und

V. 21 Ottmar (auch Nr. 13 und 23), zwei Heilige, die besonders in Oesterreich verehrt wurden.

Unwichtig ist, dass Nr. 14 allein dem Antonius von Padua einen Platz eingeräumt hat durch trennen von *Cirini* V. 11 in *Cir. Anthon*, verehrt am 13. Juni und

Nr. 4 dem Pabste Felix II. (*Fel. Abdon* statt *Sim. Abdon*), verehrt am 29. Juli.

Wir sehen aus dieser Betrachtung, dass die dieser Gruppe allein angehörenden Heiligen solche sind, deren Verehrung sich im Wesentlichen auf die Länder Schlesien, Polen, Böhmen beschränkt, die in einzelnen von diesen sich findenden solche, die nur in einem von diesen Ländern verehrt werden, alles also National- und Localheilige, die bei Aufsuchung des Grundtextes des Cisio-Janus zu streichen sind.

Eine andere Gruppe, die sich sowohl in geographischer Hinsicht, wie bezüglich der gemeinsamen Erwähnung eines Heiligen an diese anschliesst, wird durch Nr. 12 den Gmundener Cis. von 1439, Nr. 13 den Wiener und Nr. 23 den Münchener Cgm. 4425 gebildet. Sie weist mit jener Gruppe gemeinsam auf den heiligen Sigismund, der in den übrigen Bearbeitungen fehlt, V. 9, in dem *Philip* in 2 Worte *Phil. Sig.* getrennt ist.

Die Heiligen, welche diese Cisio-Jani gegenüber dem Gros der übrigen gemeinsam erwähnen, sind V. 1 Erhart (auch Nr. 22), dem das Pronomen *sibi* hat weichen müssen, wiewol zu Schaden des Sinns.

V. 5 Kunigunde, ausgedrückt durch *Kun* in *Marci Kun* an Stelle des gewöhnlichen *Marcius* und

V. 20 Wolfgang, bezeichnet durch *Wolf*, welche Silbe an Stelle des den heiligen Quintinus andeutenden *Quin* getreten ist.

Von den eingesetzten Heiligen waren zwei, Erhard und Wolfgang, Bischöfe von Regensburg, jener im 8. Jahrhundert, verehrt am 8. Januar, dieser im 10., gestorben am 31. October 994, verehrt an seinem Todestage. Die heilige Kunigunde war die Gemahlin Heinrichs II., starb in dem von ihr gestifteten Kloster Kauffungen. Ihr Tag ist der 3. März.

Es sind dies also Heilige, zu deren Verehrung besonders der Sprengel des Bisthums Regensburg, weiterhin des Erzbisthums Salzburg Grund hatte.

Von diesen 3 Bearbeitungen schliessen sich näher an einander an Nr. 13 und 23 durch Erwähnung folgender in Nr. 12 und den meisten übrigen Cis. fehlenden Heiligen:

Heinrich V. 13 *(Mar Heinri* statt *Margar)*, der von den uns bekannten nur noch in Nr. 17 genannt wird,

Ottmar V. 21 *(Briccius Oth* statt des gewöhnlichen *Bricciique)* (auch Nr. 5): er war Abt von St. Gallen, seine ausschliessliche Erwähnung in diesen Cis. ist daher höchst auffällig.

Achatius V. 12, ausgedrückt durch *Achatz*, das an die Stelle von *sancti* getreten ist, der Heerführer der angeblichen 10,000 Märtyrer, und besonders in der Salzburger Diöcese verehrt, am 22. Juni; auch in den beiden von Oswald von Wolkenstein verfasten unter Nr. 5 und 6 der deutschen Bearbeitungen zu besprechenden ist er nicht vergessen.

Rupertus, V. 15, bezeichnet durch *Rudber* (auch in Bick: *Ru Für)* in *Mauri Rudber* statt *Mauricius*, war erster Bischof von Salzburg † 723 und wird an 2 Tagen verehrt, dem

27. März, wahrscheinlich seinem Todestage* und dem 24. September, dem Tag seiner Versetzung.

Nr. 23 erwähnt einen Heiligen an einer Stelle, in der er weder in Nr. 13 noch in den übrigen Cis. sich findet, Virgilius in V. 22. indem er *Kathe Virgil* statt des gewöhnlichen *Katharia* (in 13 *Kath Conradi*) bietet. Virgilius Bischof von Salzburg und Apostel von Kärnthen starb 784 am 27. November, an dem er verehrt wird. Indessen auch Nr. 23 erwähnt diesen Heiligen, nur an andrer Stelle, V. 18 *(Rudber Vir Da* statt *Rudber et Da)*; wie bei Rupertus wird nämlich auch neben Virgils Todestag noch der seiner Heiligsprechung begangen; dies ist der 26. September.

Ausserdem hat Nr. 13 noch eine Anzahl Heilige für sich allein:

V. 1 Valentinus *(Ep Val* statt *epi)*; er war Bischof von Passau und wird am 7. Januar verehrt.

V. 14 Anna *(Jac An Mar Pau* statt *Jacobique)*, (auch Nr. 5) Jesu Grossmutter, am 26. Juli verehrt: ihr Fest wird besonders in der österreichischen Monarchie noch heute glänzend begangen.

V. 19 Colomann *(Arte Col* an Stelle von *Arteque)*, ein Schotte von königlichem Geschlecht, der auf einer Reise nach Jerusalem zu Stockerau in Oesterreich als Kundschafter verdächtigt eingezogen und gehenkt wurde (1020): er ist Schutzpatron der Oesterreicher, wird am 13. October verehrt und auch in den Wolkensteiner Cis. genannt.

V. 20 Chrisantus und Daria *(Sereri Chrisanti* statt *Sere Crispine)* verehrt am 25. October.

Die in dieser Gruppe sich findenden Heiligen sind also besonders solche, die sich in Oesterreich oder im Bezirk des Erzbisthums Salzburg der Verehrung erfreuen: aus der Erwähnung von Valentin in Nr. 23 darf man vielleicht schliessen, dass dieser Cisio-Janus aus dem Gebiet des Passauer Bisthums stammt; Nr. 13 wird man vielleicht dem Bisthum Salzburg zuweisen, Nr. 12 auch als dem Salzburger Erzbisthum, viel-

---

* Potthast, Wegweiser durch die Geschichtswerke des Europäischen Mittelalters, Suppl. 397 gibt allerdings den 23. März als solchen an.

leicht dem Bisthum Regensburg entstammend ansehen; auffällig bleibt bei letzterem noch die Nennung des Schutzpatrons von Nürnberg, Sebaldus V. 16 (*Sumptio Ag Sebaldi* statt *Sumptio Agapiti*).

Bemerkt zu werden verdient schliesslich noch, dass nach den beiden Cis. Nr. 13 und 23 einige Heilige auf andere Tage fallen, als den gewöhnlichen ihrer Verehrung, Georg und Margarethe; jener nicht auf den 23. sondern 24. April, diese statt auf den 13. den 12. Juli: das ist nicht fehlerhaft, sondern jene Heiligen wurden in der That in einigen Gegenden an diesen Tagen verehrt, wahrscheinlich gerade in Oesterreich oder in der Salzburger Diöcese. Das scheint mir daraus hervorzugehen, dass in mehreren andern dieser Gegend angehörigen deutschen Cis., den beiden Wolkensteinschen und dem unter Nr. 7 zu besprechenden vom österreichischen Dichter Teichner verfassten diese Heiligen ebenfalls auf jene Tage fallen.* Hiermit hätten wir dann ein neues Kriterium zur Ermittlung der Heimath wenigstens der Salzburger Cisio-Jani gewonnen.

Zu ähnlichen Resultaten würde eine Untersuchung der in den übrigen Recensionen erwähnten Heiligen führen, die hier anzustellen indessen nicht der Platz ist, da für uns von grösserer Wichtigkeit ist die andere Classe der dem Cisio-Janus ursprünglich nicht eignen Heiligen, derer die zwar allgemeine Verehrung innerhalb der katholischen Kirche fanden, aber erst von einer Zeit an, die mit der der Entwickelung des Cisio-Janus zusammenfällt. Diente eine Untersuchung über die Nationalheiligen zugleich zur Bestimmung der Heimath, so diese zu der des ungefähren Alters der einzelnen Abfassungen.

Hierbei ist es nun nicht nöthig, alle in späterer Zeit aufgenommenen in den verschiedenen Bearbeitungen aufgeführten Heiligen aufzuzählen, sondern wir können uns auf

* Danach ist wohl auch Scheffer-Haltaus S. 116 zu berichtigen, der die Verehrung Margarethas am 13. Juli für erst in späterer Zeit eingeführt hält; die Belege, die er für den 12. Juli angibt, sind allerdings älteren Urkunden entnommen, die aber wohl alle der Salzburger Diöcese entstammen.

eine Untersuchung derer beschränken, die, in einer verhältnissmässig frühen Zeit allgemein verehrt, sich in dem einen oder andern Cis. noch nicht vorfinden und derer, welche zunächst vor diesen heilig gesprochen, auch da erwähnt werden. Die für uns in Betracht kommenden Heiligen sind:

1) Elisabeth, † 1231, heilig gesprochen 1235 von Gregor IX, verehrt am 19. November.

2) Franciscus, † 1226, versetzt 1228 durch Gregor IX, verehrt am 4. Oktober.

3) Juliana, 1208 heilig gesprochen, verehrt am 16. Februar.

4) Thomas, † 1170, heilig gesprochen 1173 von Alexander III, verehrt am 29. December.

Dass alle Cisio-Jani mit Ausnahme des Beham'schen (Nr. 21) und der von Haltaus und Bickel herausgegebenen (Nr. 1 und 3) diese Heiligen nennen, beweist, dass sie aus einer spätern Zeit stammen, als in der die letzte dieser Heiligsprechungen stattfand, 1235, während wahrscheinlich ist, dass jene drei in früherer Zeit verfasst wurden, und zwar werden wir wohl die Abfassungszeit von Nr. 3 wegen des Fehlens von Elisabeth und der Erwähnung der übrigen drei Heiligen in die Zeit von 1228—1235, die von Nr. 1 wegen Fehlens von Elisabeth sowohl wie Franciscus, der Nennung der beiden andern in die Zeit von 1208—1228 ansetzen dürfen. Als den ältesten Cisio-Janus werden wir den Behamschen betrachten, in welchem von den genannten 4 Heiligen nur Thomas Erwähnung geschieht, seine Abfassungszeit also vor 1208, aber nach 1173 annehmen.

Bei einem Versuch, den ursprünglichen Cisio-Janustext aufzusuchen, werden wir uns also zunächst an diese am wenigsten mit Elementen der 2. Classe zersetzten Recensionen halten, um so mehr, als diese auch frei sind von Nationalheiligen. Die Behamsche als die älteste allein zu Grunde legen zu wollen, verbietet der Umstand, dass sie eine nicht geringe Anzahl von Fehlern zeigt, die in Nachlässigkeit oder dem Bestreben ihren Grund zu haben scheinen, sich die Benutzung des wahrscheinlich zum Privatgebrauch niedergeschriebenen, nicht zum Auswendiglernen, sondern Nachschlagen bestimmten Kalenders zu erleichtern. Beham liebt namentlich die Abkürzungen der Heiligennamen möglichst auszuschreiben, was nicht fehlerhaft ist, so lange er sich mit Hinzufügen von Consonanten begnügt, wodurch die Silbenzahl keine andre wird, wie er V. 1. *epiph* statt *epi*, *oct* statt *oc*, *marc* statt *mar*, *anth* statt *an*; V. 2 *thym* für *thi* u. s. w. schreibt. Fehlerhaft dagegen schreibt er Worte, die nur durch eine Silbe angedeutet werden dürfen, aus, wodurch die Silbenzahl vergrössert wird: so V. 17 *September* statt *Sep*; V. 21 *Andre* statt *And*; V. 18 *Eufe* statt *Eu*. Diesen Fehler wieder gut zu machen, lässt er bisweilen den auf ein von ihm vollgeschriebenes Wort folgenden Heiligen weg, so dass der darauf folgende wieder den ihm gebührenden Platz einnimmt. Solchen Heiligen haben wir dann, wenn sie nachweisbar seit alter Zeit in der römischen Kirche verehrt wurden und sich in Folge dessen in allen Cis., besonders in Haltaus und Bickel finden, zu ihrem Rechte zu verhelfen: wo jedoch Beham ein nothwendiges Verbindungswort, wie ein Prädicat, an Stelle von Heiligennamen des Gros oder andre Heilige, als die übrigen Cis., aufweist, haben wir seine Lesart einzusetzen; wo endlich Beham, Haltaus, Bickel gemeinsam vollere Form eines Heiligen anstatt gekürzter von mehreren des Gros zeigen, selbst wo wir dies nicht mehr nachweisen können, letztere als später hinzugekommene auszuscheiden. So könnte man vielleicht meinen, das Fest Mariä-Empfängniss sei doch als ein altes und in der ganzen katholischen Kirche gefeiertes in Beham, Bickel, Haltaus, in denen es nicht erwähnt wird, einzusetzen, allein wir wissen, dass lange Jahre man sich über Aufnahme oder Verwerfung dieses Festes stritt, dass noch Innocenz III. zu Ende des 12. Jahrhunderts die Feier dieses Festes zu unterdrücken bemüht war und diese erst 1263 durch den Franciscanerorden festgesetzt wurde.

Mit Verbesserung der mannigfachen orthographischen Fehler würde sich der von uns als ursprünglich anzusehende Text etwa so gestalten:

(Die bei Angabe der Varianten gebrauchten Abkürzungen sind: A für den Behamschen, B für den Bickelschen, H für den Haltausschen Cisio-Janus; mit C bezeichnen wir die Uebereinstimmung der übrigen Recensionen, ausser den späten hier nicht in Betracht kommenden Luthers und Lossius).

Januar.

1. *Ci* = circumcisio domini 1. Jan.
2. *si*
3. *o.*
4. *Ja*
5. *nus*
6. *e* Epiphania domini 6. Jan.
7. *pi.*
8. *si*
9. *bi*
10. *ren*
11. *di*
12. *cut*
13. *oc.*, octava epiphaniae.
14. *Fe* Felix in pincis 14 Jan
15. *li.*,
16. *Mar.*, Marcellus 16. Jan.
17. *An.*, Antonius 17. Jan.
18. *Pris* Prisca 18. Jan.
19. *cu,*
20. *Fab.*, Fabianus et Sebastianus 20. Jan.
21. *Ag*, Agnes 21. Jan.
22. *Vin* Vincentius 22 Jan.
23. *cen.*,
24. *Tim*, Timotheus 24. Jan.
25. *Pau* Pauli conversio 25 Jan.
26. *lus,*
27. *no*
28. *bi*
29. *le*
30. *la*
31. *men.*

Februar.

Bri, Brigitta 1. Febr
pur., purificatio Mariae 2. Febr.
Bla Blasius 3. Febr.
sus,
A Agatha 5. Febr.
gath,
Feb
ru
o,
S o Scolastica 10. Febr.
la
sti
ca,
Va Valentinus 14. Febr.
lent.
Pri
mum
con
jun
ge
tunc
Pet Petri cathedra 22. Febr.
rum,
Mat Mathias 24. Febr.
thi
am
in
de.

5. *Martius officio decoratur Gregoriano,*
Gertrud, abba Bene. iuncta Maria genitrice.
April in Ambrosii festis orat atque Tiburti
Et Valer., sanctique Geor., Marcique, Vitalis.
Philip, crux, Flo., Got., Johan latin, Epi., Ne., Mar.
  ad mar.
10. *Maius in hac serie tenet Urban, in pede Cris., Can.*
Nic., celline, Bon., Med. dat. Jun., Primi, Ba., Cyrini,
Vitique Mar., Prothas., Al., sancti Joha., Joha., Le.,
  Pe., Pau.

V. 1 *Cesio* A. *Marcel* B.
V. 2 *sub* A. *Pau Po*(lycarp) C. *Pau Po Car* (falsch, weil eine Silbe zu viel. *Car* = Carolus) II. *Paulus sieque Valerus* B.
V. 3 *Ag Dor Febru Ap* C.
V. 4 *Petrum tunc* A. *Juli* statt *Primum* B II C.
V. 5 *Adria per* statt *officio; Gregorio Cyr* H C.
V. 6 *Alba* B C. *Apoll* II.
V. 8 *Vita Qui* B.
V. 9 *God God Johan Vic. Steph. Epi Pan Ser et Lot* B. *et God* II. *(Ne) Ser et Soph* II C.
V. 10 *tres Can* A, wohl Versehen. *Cris Pe* = Petronella, II.
V. 11 *Marcelle* II C. *rin et med* A. *Bonif dat me* H. *Nic Mar Eras Bo dat jun Med. Primi Bar Nazari* B. *Cyrilli* H.
V. 12 *Prothasi sancii* A. *Viti Hus Mar Gereas Alba Vi*(gilia)

V. 5 Gregorius 12. März.
V. 6 Gertrud 17. März. Bene(dictus) 21. März. Maria genetrix = Mariae annuntiatio 25. März.
V. 7 Ambrosius 4. April. Tiburtius 14. April.
V. 8 Valer(ianus) 18. April. Geor(gius) 23. April. Marcus 25. April. Vitalis 28. April.
V. 9 Philippus 1. Mai. crux = inventio crucis 3. Mai. Flo(rianus) 4. Mai. Goth(ardus) 5. Mai. Johan latin = Johannes ante portam Latinam 6. Mai. Epi = Gordianus et Epimachus 10. Mai. Ne = Nereus et Achilles 12. Mai. Mar. ad mar = Maria ad martyres 13. Mai.
V. 10 Urban, 25. Mai. Cris(pulus et Gabinus) 30. Mai. Can(tianilla et Cantius) 31. Mai.
V. 11 Nic(omedes) 1. Juni. celline = Marcellinus et Petrus exorcista 2. Juni Boni(facius) 5. Juni. dat = dator vgl. S. 21. Primus et Felician 9. Juni Ba(rnabas) 11. Juni. Cyrinus et Basilides 12. Juni.
V. 12 Vitus 15. Juni. Mar(cellianus et Marcus) 18. Juni Prothas = Gervasius et Protasius 19. Juni. Al(banus) 21. Juni.

Jul. *partes* Udal., Oc., Wil., Kili., fra., Bene., Margar.,
apost., Al.
Occurrunt Prax., Mag., Ap., Chris., Jacobique Sim.,
Abdon.
15. Petr., Steph., Steph., Just., Os., Sixt., Af., Cy., Ro.,
Lau., Tibur., Hip., Eus.,
Sumpcio, gap., Mag., An., Pri.. Timo., Bartholo., Ruf.,
An., col., daucti.

Jo coniunge Pe Pau B. Johan Jere — Pe Pau II. mit Weglassung einer Silbe zwischen Jere und Pe.
V. 13 *Juli*(partes) A falsch, weil *Udal* dadurch auf den 5. statt 4. Juli kommt; um wieder auszugleichen, lässt Beham Oc weg. Proces II C. Jul pro*es Udeque* B. *apostal* A. Be Fe B.
V. 14 *Arnolfus* C II B statt *occurrunt*; dann würde aber das Prädicat fehlen. Jacobi Pau Fel Abdon B. Jacobi Pau Be Ab Germ H.
V. 15 Für Just = Proth C. Für Af = Don C. Stephen Os B. ciri — lau A.
V. 16 *Sumpcio Agapiti Timo* C. ausser Nr. 7, II. Gap Magni Pri Ti Ti B. Ruff Her Jo Fel Pau B. Ruff An decolla H. Bartol A.

——

Joha = Johannes baptista 24. Juni, Joha. = Johannes et Paulus, 26. Juni. Le = Leo II., 28 Juni. Pe = Petrus et Paulus 29 Juni. Pau(li commemoratio) 30. Juni.
V. 13 Udal(ricus) 4. Juli. Oc(tava Apostolorum) 6. Juli. Wil(ibald) 7. Juli Kili(anus) 8. Juli. Fra(tres) 10. Juli. Bene (dicti translatio) 11. Juli Margar(etha) 13. Juli. Apost(olorum divisio) 15. Juli Al(exius) 17. Juli.
V. 14 Prax(edis) 21 Juli. Mag = Maria Magdalena 22. Juli. Ap(ollinaris) 23. Juli. Chris tina) 24. Juli. Jacobus 25. Juli. Sim-(plicius, Faustinus et Beatrix) 29. Juli. Abdon (et Sennes) 30. Juli.
V. 15 Petr = vincula Petri 1. Aug. Steph(anus papa) 2. August. Steph(ani protomartyris inventio) 3. August. Just(inus) presb. 4. Aug. Os(waldus) 5. Aug. Six(tus). 6. Aug. Af = Donatus et Afra. 7. Aug. Cy(riacus) 8. Aug. Ro(manus) 9. Aug. Lau(rentius) 10. Aug. Tibur(tius) 11. Aug. Hip(polytus) 13. Aug. Eus(ebius) 14. August.
V. 16 Sumpcio = assumptio Mariae 15. Aug. gap = Agapetus 18. Aug. Mag(nus) 19 Aug. An bezeichnet keinen besondern Heiligen (Anastasius Martyr und Antoninus, an die nur gedacht werden könnte, werden am 21. resp. 22. Aug. verehrt); entweder ist An = Anagninus, die Heimath von Magnus bezeichnend, der Bischof von Anagni war, oder es ist in dieser Silbe der Monatsname versteckt, indem An aus Aug verstümmelt ist: das scheint dadurch bestätigt zu werden, dass in Cis. Nr. 22 mit Weglassung von Pri hier steht ibi = hier, in diesem

Aegidium Sep. habet nat., Gorgon., Proti., Ma., Crux, Nic., Eu., Lamperteque, Mat., Mauricius et Da., Wen., Mich., Hier. Remi. sub Octobre Marcus, Di., Ger., An. quoque, Calixt,
20. *Galle, Lucas, Cap., Un., Cor., Seve., Crispini, Simonis, Quin.*

V. 17 September, A. falsch. *Prot* A.; eine Silbe zu wenig. *Prot Ja* H. Protus et Hyacinthus 11. Sept., wohl Verwechselung von Ma., da zwei Heilige für einen Tag nie genannt werden. Daraus dass B C Ma weg liessen. H änderte, geht hervor, dass der damit bezeichnete Heilige nicht bekannt oder nicht in der Verehrung, wie früher stand; es ist überhaupt zweifelhaft, wer damit gemeint sei, vgl. Anm. *Protique,* B C. *crux Eu* H.

V. 18 *Eufe* A. Statt *Da = Cle* A (Cleophas. 25. Sept.) *Mauri Eu Fir Cy Co We* B. *et Dami* H.

V. 19 *Remique* H C. Remigi B. *Franciscus* B C *Diger Arteque Calix* C. *Sergi Di ger Augustini Calix* H. (falsch, wegen grösserer Silbenzahl). *Sergi Dionysius Ad Mau.* B.

V. 20 *Cus* statt *Cor* A *vel* statt *Cap* C. *Lu Jauu Und* B. *Se Sere C se Co* B. *Simonis et Juda* B. *Galli Lucas* (fehlt Silbe) *Ur Cor Se Sa Cris Amau Simonis Quin* H

Monate. Pri(vatus) 21. Aug. Timotheus et Simphorian) 22. Aug. Bartholo(meus) 24. Aug. Ruf(us) 27. Aug. Au(gustinus 28. Aug. Col = decollatio Johannis 29. Aug. daucti = Felix et Adauctus 30. August.
V. 17 Aegidius, 1. Sept. Nat(ivitas Mariae) 8. Sept Gorgon(ius) 9 Sept Proti = Protus et Hyacinthus 11 Sept. Ma kann bedeuten Maternus, Amandus, Maurilius, die alle am 13. Sept verehrt werden; hier ist wol an Amandus zu denken. crux = exaltatio crucis 14. Sept. Nic(omedes presb.) 15. Sept.
V. 18 Eu phemia) 16. Sept. Lamp(ertus) 17. Sept. Mat(thaeus ap. et evang.) 21. Sept. Mau ricius) 22. Sept. Da(mianus et Cosma) 27. September. Wen ceslaus) 28. Sept. Mich(ael) 29. Sept. Hier(onymus) 30. Sept.
V. 19 Remi(gius) 1. Okt. Marcus 7. Okt. Di(onysius) 9 Okt. Ger(eon et alii 318 mart) 10 Okt An(dronicus) 11. Okt. Calixt(us) 14. Okt.
V. 20 Gallus 16. Okt. Lucas 18. Okt. Cap(rasius) 20. Okt. Un(decim milia) od. Ur = Ursula 21. Okt. Cor(dula) 22. Okt. Seve rinus)

*Omne Novembre cole Co., Theo., Martin Briccüque;
Succedunt illi Ce., Cle., Chry., Katharina, Sat., An.
December: Barba., Nicolaus et alma Lucia,
Sanctus abinde Thomas, modo nat., Steph., Jo., Pu.,
Thoma., Sil.*

Dazu ist dann noch in dem im Serapeum abgedruckten Cis. hinzugefügt:

Sillaba quaeque diem, duo versus dant tibi mensem.

So ungefähr, wenn auch in Einzelheiten hie und da abweichend wird man sich wohl die ursprüngliche Gestalt des lateinischen Cisio-Janus zu denken haben. Ihn änderte jeder spätere Abschreiber nach Belieben, indem er an die Stelle von Nebensilben Nationalheilige oder später hinzugekommene setzte, ja wohl auch den einen oder andern Heiligen zu Gunsten eines andern verdrängte, so dass jede Recension von der andern verschieden ist, jede ihre eigenen Heiligen zeigt. Auf diese Weise wurde im Lauf der Zeit der Cisio-Janus so verunstaltet, dass in einzelnen Bearbeitungen kaum

---

V. 21 Für *cole* = *Leo* C. Für *Co* = *qua* C. *Pro* H. *cade* — *Mart*. *Cu. Briccique* B.

V. 22 *Post hee Elisa* C. *istos insequitur Ce* B *succedunt istis El Ce katharinaque Sat An* H. Es ist nicht anzunehmen dass Els. Elisabeth ist, die nicht den 22, sondern 19. Nov. verehrt wird, da doch die Nichterwähnung von Franciscus es wahrscheinlich macht, dass der Cis. vor deren Heiligsprechung verfasst wurde. Uebrigens ist der Vers in H corrupt, zählt zu viel Silben. *Andre* A.

V. 23 *Nico Concep.* (conceptio Mariae) C ausser 7 und 10.

23. Okt. Crispinus et Crispinianus 25. Okt. Simon (et Judas) 28. Okt. Quin(tinus) 31. Okt.

V. 21 Omne = omnium sanctorum commemoratio 1. Nov. Co = quattuor coronati 8. Nov. Theo(dorus miles) 9. Nov. Martinus 11. Nov. Briccius 13. Nov.

V. 22 Ce = Caecilia 22. Nov. Cle(mens papa) 23. Nov. Chry(sogonus) 24 Nov. Katharina 25. Nov Sat(urnius et Crisantius) 29 Nov. An(dreas) 30. Nov.

V. 23 Barba(ra) 4. Dec., Nicolaus 6. Nov., Lucia 13. Dec.

V. 24 Thomas 21. Dec., nat(ivitas domini) 25 Dec., Steph(anus protomartyr) 26 Dec., Jo(hannes evangelista) 27. Dec., Pu = wahrscheinlich pueri, der unschuldigen Kindertag: sonst allerdings gewöhnlich innocentes. Thomas ep. Cantuar. 29. Dec., Sil(vester) 31. Dec

noch die ursprüngliche Form des Hexameters zu erkennen,
ein vernünftiger Sinn, da ja mehrere das Verständniss
herstellende Worte weggelassen waren, schwer herauszufinden war.

Als Probe eines solchen möge der noch ungedruckte
Donaueschinger Cisio-Janus Nr. 22 aus der Handschrift Nr.
28 hier Platz finden:

Cisio ianus epi., Erhart, Pauli, Kat., or., Feli., Mar., Ant.
Prisca, Fab., Ag., Vin., Em., Tim., Pau., Pol., Jo.,
Crisos., Adel.
Bri., pur., Blasus, Ig., Dor. Februo, Scolastica, Valent,
Juli., conjunge tunc Petrum, Mathiam inde.
5. *Martius Adrian per decoratur Gregorio Cir.*
Gerdrut, abba Bene. iuncta Maria genitrice.
April in Ambrosii festis orat atque Tyburci
et Valer., sancti quoque Ge., Marcique Vital., Quin.
Philip, crux, Flor., Got., Johan latin, Epi., Ne., Ser.
et Soph.
10. *Maius in hac serie tenet Urban, in pede Cris., Can.*
Nic., Marcelli, Boni. dat. Jun. Primi, Bar., Cyrini
Viteque Mar., Prothas., Al., sancti Johan, Jo., Dor.,
Le., Pe., Paul.
Jul. Proces., Udal., or., Wil., Kyli., Fra., Bene., Margar., apostol.
Arnolfus, Prax., May., Ap., Cris., Jacobi, Pan., Sim.,
Abdon.

1. Erhart, Bischof von Regensburg, 8. Januar. Pauli = Paulus,
primus eremita, 10. Jan. Kat hat der Schreiber wahrscheinlich ganz
gedankenlos als letzte Silbe von vendicat stehen lassen.
2. Em (erentiana) 23. Jan. Pol(ycarpus) 26. Jan. Jo. Crisos =
Johannes Chrysostomus 27. Jan. Adel(gundis), 30. Jan.
3 Dor(othea) 6. Febr.
5. Adrian(us) 4. März. Per(petua et Felicitas), 7 März.
8. Quin(tinus) 30. April.
9. Ser(vatius) 13. Mai. Sop(hia) 15. Mai.
12. Dor. = Dorothea Prussiae patrona, aber nach Potthast am 25.
Juni verehrt.
13. Proces(sus) 2. Juli.
14. Arnulfus, 18. Juli Pan(taleon) 28 Juli.

15. *Pe., Steph., Steph., Proth., Os., Six., Auf., Cy., Ro.,*
Lau., Tybur., Yp., Eu.
Sumpti., oc., Ga., Mag. ibi, Thymo., Bartholo., Ruf., Au,
Col., Aucti.
Egidius Sep. Magni, Nat., Gorgon., Prothasi., crux.,
Nic.,
Eu. Lamperteque Math., Mauri., concep. et Domi.
Mich., Jer.
Remigi, Francisci., Sergi., Di., Ger., Arteque, Calixt.
20. *Galle, Lucas et Un., Se., Sere., Crispini, Si., Nar.,*
Af., Quin.
Omne Norembre Leon., Qua., The., Mar., Marti., Briccius, oct.
Post haec Eliza, Ce., Cle., Cris., Katherina, Sat., An.
December: Barba., Nicol., concep. et alma Lucia.
Sanctus abinde Thomas, modo nat., Steph., Jo., pu.,
Thoma., Sil.

Den Uebelständen, an denen die neueren Bearbeitungen litten, abzuhelfen, sowohl einen allgemein und ohne Erklärung, selbst für den, der keine Kenntniss der Abkürzungen der Heiligennamen hatte, verständlichen Sinn, als auch eine glattere, elegantere Form herzustellen, machten sich nun im 16. Jahrhundert eine Reihe von Bearbeitern zur Aufgabe, wie Melanchthon, Cornelius Graphäus u. A. Dass das nicht ohne Streichung einer beträchtlichen Anzahl von Heiligen geschehen konnte, wenn man an der Regel, jeden Monat in so viel Silben zu behandeln, als er Tage zählte, festhalten wollte, liegt auf der Hand, und so sehen wir in Melanchthon's Cisio-Janus oder, wie er ihn nennt, Calendarium sylla-

---

15. Prot(asius mart. Col.) 4. Aug.
16. oc(tava Laurentii) 17. Aug.
18. concep(tio Johannis Baptistae) 24. Sept.
19. Franciscus, 4. Okt. Sergi(us et Bachus) 17. Okt. Ger ist fehlerhaft weggelassen.
20. Se(verus) 22. Okt. Nar(cissus ep. Hieros.) 29. Okt.
21. Leon(hardus) 6. Nov. Mar(tinus papa et martyr) 10. Nov.
22. Eliza(beth) 19. Nov.
23. concep(tio Mariae virginis) 8. December.

bicum, die Zahl der Heiligen auf 33 zusammengeschrumpft, und nicht viel mehr finden sich in dem des Graphäus. Uebrigens steht der Melanchthon'sche dem eigentlichen Cisio-Janus insofern näher, als er noch im ursprünglich ihm eigenen Maasse, dem Hexameter, abgefasst ist, während der des Graphäus, sowie ein anderer noch zu erwähnender, aus sogenannten freien lateinischen Versen besteht. Einige Proben mögen hier folgen.

Die beiden ersten Monate des Melanchthon'schen Calendarium syllabicum (abgedruckt im Anhang zu Chyträus chronol. Her. et Thuc. Anhang S. 34 u. 35) lauten:

Cisio-Janus Epiphaniis die dona Magorum,
Vincit omnis Agne, nora Paulum lumina vertunt.
Et purgata parens ad templum ducit Jesum.
Sede doces sacra cum Petro, Mathia, gentes.

Eine ähnliche freiere Bearbeitung der lat. Cis. erwähnt Grotefend, Anzeiger 1871, S. 311; sie findet sich in Schonborns Calendarium, Wittenberg 1567. Der Januar lautet:

Scinditur, inde Magis colitur puer ortus Jesus,
Prisca dat Agneti cum Paulo munera Juni.

Die dagegen von Grotefend, Anz. 1871, S. 310 aus Wedekind's Geschichte der Grafschaft Glatz (Neurode 1857) mitgetheilten Verse sind nicht als Cisio-Janus-Verse zu betrachten, da gleich im Januar die zwei erwähnten Feste nicht den ihnen zukommenden Platz einnehmen. *Magus* die 8., *Paulus* die 30. Stelle hat; im Februar sogar nicht einmal die richtige Reihenfolge eingehalten ist, indem Matthias (24. Februar) vor Petrus (22. Februar) steht. Diese Verse sind wohl nur zur Erklärung einzelner im Cisio-Janus, dem sie beigefügt sind, genannten Feste bestimmt, welche Annahme dadurch noch wahrscheinlicher wird, dass in den drei ersten Hexametern nur je ein Fest genannt wird; im vierten werden zwar Petrus und Matthias erwähnt, allein ersterer nur als Vorgänger des zweiten.

Als Probe der freieren Verse des Graphäus führe ich aus dessen Calendarium (in Chytr. chron. Her. et Thuc. Anhang S. 36 u. 37) die Monate März und April an:

Martius Adriano narrat
Atque Gregorio,
Quod Gertrudis et Benedictus
Annunciant virgini.
Aprilis Ambrosio gaudet,
Cui martyr Tyburtius
Praedicat mox futuram
Marci stationem.

Von einem andern in zwangloserer metrischer Form gebauten lat. Cis. in Schonborn's Computus vel Calendarium gibt Grotefend a. a. O. die beiden ersten Monate als Probe. Sie lauten:

Caeditur puer magus quem supplex adorat.
Felix est Antonius, Agnes subit.
Paulus fulmina cadit.
Se purgat virgo de more
Exordia grati veris
Promittit laeto Petro
Mathias luctus.

Einen lateinischen Cisio-Janus sieht Grotefend ferner in dem von ihm Anz. 1870, S. 301—311. herausgegebenen, aus 422 Hexametern bestehenden Kalendergedicht Laurea sanctorum Hugo's von Trimberg; indessen wie später gezeigt werden wird mit Unrecht.

IV.

Neben diesen lateinischen Cisio-Jani finden wir schon aus früher Zeit, nachweisbar aus dem 14. Jahrhundert, auch deutsche Bearbeitungen; sie sind nicht sklavische Nachbildungen jener, sondern der Form und dem Inhalt nach von ihnen verschieden: an Stelle des in der früheren Zeit für die lat. Cis. allein gebräuchlichen Versmaasses, des Hexameters, treten uns hier deutsche Reimverse, an Stelle zusammengehäufter, abgerissener Silben in den meisten vollständige Namen und das Bestreben entgegen, einen gewissen Zusammenhang zwischen den einzelnen Heiligen herzustellen. Auch unter sich zeigen sie eine bei weitem grössere Verschiedenheit, als die aus einer Grundform durch mehr oder weniger bedeutende Veränderungen hervorgegangenen lateinischen; bezüglich der **Sprache** sowohl, wie des **Inhalts** und auch des **Umfangs**. Während der Umfang der lat. Cis. stets der gleiche war, indem immer die Silbenzahl der Zahl der Tage im Jahre entsprach, haben wir hier sowohl Bearbeitungen, in denen die Zahl der Silben, als auch solche, in denen die Zahl der Worte, ja einen, in dem die Zahl der Verse gleich der der Tage im Jahre ist. In allen aber wird das Gesetz festgehalten, dass durch die Stellung des Heiligennamens zugleich der betreffende Monatstag bezeichnet wird, sei es, dass er der Zahl der Silbe, des Worts oder des Verses innerhalb der für den Monat bestimmten Verse entspricht. Obschon dies eigentlich als in dem Wesen und dem Zweck des Cis. begründet, ganz selbstverständlich ist, hebe ich es doch an dieser Stelle ausdrücklich hervor, weil, wiewohl in der Ueberschrift eines der bekanntesten Cisio-Jani (Nr. 4) ausdrücklich bemerkt wird: *ein yeclich wort gibt ainen tag*, wiewohl ein älterer Bearbeiter, Eschenburg, im lit. Anz. 1807, S. 61 schon auf dieses Verhältniss aufmerksam gemacht hat, doch fast keiner der neueren Bearbeiter von deutschen Cisio-Jani das gewusst hat und damit das wichtigste Mittel zur Emendation der uns so verwahrlost und verstümmelt überkommenen Gedichte ausser Acht geblieben ist. So hätte wohl, um nur einige Beispiele anzuführen, Beda Weber sich den Abdruck der Wiener Handschrift von Wolkensteins zweitem Cisio-Janus* erspart; denn ausser orthographischen Abweichungen unterscheidet er sich von dem ersten Nr. CXXI nur dadurch, dass in ihm mehrere Worte fehlerhaft hinzugesetzt sind, die bei einer Vertheilung der Worte auf die Tage leicht zu finden waren. Franz Pfeiffer hätte, wenn er gewusst, dass durch ein solches Hinderniss der freiere Fluss der Rede gehindert gewesen wäre, gewiss ein milderes Urtheil über Wolkenstein's dichterische Begabung gefällt, als

---

* Die Gedichte Oswalds von Wolkenstein v. Weber Nr. CXXII.

er Serap. 1853. S. 146 thut, wo er ihm jede Fähigkeit, die
Sprache zu handhaben.* abspricht. Endlich würde Adalbert
Jeitteles, der sich ernstlich bemüht, unter Zusammenstellung
und Vergleichung der verschiedenen Lesarten eines in mehreren Handschriften überlieferten deutschen Cisio-Janus eine
Textherstellung und Erläuterung „des verworrenen und dem
Anschein nach unentwirrbaren" Gedichts zu versuchen, mit
leichterer Mühe zu richtigeren Resultaten gelangt sein und
auch für die Stellen, die „trotz der angestrengtesten Bemühung
theils der rhythmischen Ordnung, theils der Aufhellung des
Sinnes widerstrebten", leicht eine Erklärung gefunden haben.
Uebrigens ist auf dieses Gesetz neuerdings wieder aufmerksam geworden, wenigstens so weit es den Wort-Cisio-Janus
betrifft, K. E. Krause, der mit Hülfe dieses Kriteriums den
Text des letztgenannten Cisio-Janus herzustellen versucht in
Bartsch. Germania XXII, S. 286—290, worüber später gesprochen werden wird.

Gehen wir nun auf eine Betrachtung der einzelnen Bearbeitungen ein, so hat die ihm bekannten Pfeiffer im Serapeum 1853, S. 146 ff zusammengestellt und einen, den Vers-
Cisio-Janus oder vielmehr Cysianus abgedruckt. Später sind
eine Anzahl von ihm nicht erwähnter veröffentlicht oder besprochen worden in Mone's Anzeiger, Bartsch's Germania,
Wagner's Archiv und anderen Zeitschriften.

Wir machen den Anfang mit einer Betrachtung der
dem Umfang nach kleinsten und dem lateinischen Cisio-Janus
am nächsten stehenden, den Silben-Cisio-Jani.

Von dieser Classe sind mir, abgesehen von einer niederdeutschen später zu besprechenden, nur 2 deutsche Bearbeitungen bekannt.

1. Der von Pfeiffer, a. a. O. unter Nr. 8 erwähnte, von
dem ein Abdruck in Ersch und Gruber's Real-Encyclopädie

---

* Uebrigens hätte ihn ein Blick auf die übrigen Gedichte
Wolkensteins wohl belehrt, dass diesem die Handhabung der Sprache
im Gegentheil leicht fiel; scheint er sich doch darauf sogar etwas ein-
gebildet und gerade in Wortspielereien etwas besonderes gesucht zu
haben; ich verweise nur auf die Gedichte Nr. XXXV, XXXVIII,
XXXIX u. s. w.

unter „Cisio-Janus" sich findet und von dem die ersten Monate lauten:

Januar:
> *New iahrs tag folgen könig drey.*
> *Das sagt dem Reinhold* Felix frei.*
> *Antoni Bastian verehrt.*
> *Paul Polycarpum bekehrt.*

Hornung:
> 5. *Nach Lichtmess ist Agth Dorthe Zeit*
> *Mit Scholastic und Valent nicht weit.*
> *Concordien stul*
> *Führt Mathiam zur schul.*

März:
> *Im Mertz spricht Adrian Thom Aquin;*
> 10. *Geh mit Gregorio und Gerdrud hin*
> *Dass Benedict heil verkünd,*
> *Weil man sonst keins fünd.*

April:
> *Im April Ambros Friedrich fragt,*
> *'Schaw was zu Leo Tiburt sagt,*
> 15. *Wil Valerian mit Gorg gahn,*
> *Marcs, kom mit nach Meilan.'*

2. Ein bis jetzt noch uneditter und überhaupt noch nicht beachteter Cisio-Janus, in einer der fürstlich Fürstenbergischen Hofbibliothek zu Donaueschingen angehörigen Papierhandschrift Nr. 103, des XV. Jahrhunderts, erhalten, mit der Ueberschrift:

---

7. Concordia 18. Februar. stul = Petri Stuhlfeier, 22. Februar.
9. Thom Aquin = Thomas Aquinas, 7. März.
13. Friedrich? Nach Weidenbach und Potthast ist ein Friedrich Heiliger des 5 März und des 18. Juli, im April wird nirgends ein Heiliger des Namens verehrt.

* So ist zu schreiben statt Reinhard; ein Heiliger dieses Namens wird nur am 23. Februar am 12. Januar Reinhold verehrt.

Daz ist dez Steyrer Kalender.

Ueber Person und Lebenszeit des Verfassers Steyrer habe ich nichts ermitteln können. Dieser Cisio-Janus ist der von allen bekannten deutschen Bearbeitungen dem lateinischen am nächsten stehende und möchte deshalb wohl zu den ältesten zu zählen, wenn nicht gar a's die erste deutsche Bearbeitung zu betrachten sein. Gegenüber allen deutschen Cisio-Jani hat er mit den lateinischen gemein zunächst die Abkürzungen von Heiligennamen durch ihre Anfangs- oder Schlusssilben: so finden wir gleich in der ersten Strophe Antonius durch Ant., Fabianus durch Fab., Agnes durch nes u. s. w. abgekürzt. Sodann sind hier noch die Heiligen, die in den meisten übrigen deutschen Cis. in einen Zusammenhang zu einander gebracht sind, zuweilen ohne Verbindung nebeneinander gestellt, in welchen Fällen die Reihe einigemal vollständig, da auch die Abkürzungen die gleichen, dieselbe ist wie im lateinischen. So beginnt der Mai ebenso wie dort mit *Philipp, crux, Flor, Got*; ist ja hier sogar das lateinische Wort *crux* stehen geblieben; auch der August beginnt wie da mit *Petr, Steph, Steph(n) (Valtein) Sixt, Affr.*

Dieser Cisio-Janus besteht aus 12 Strophen, je einer für den Monat, von je 4 Versen.

Die Handschrift Nr. 103, in der er enthalten ist, besteht aus 4 Blättern, wovon die erste Seite des ersten und das vierte unbeschrieben sind; auf den zwei ersten beschriebenen Seiten steht ein unter Nr. 7 zu besprechender Cisio-Janus mit der Ueberschrift *daz ist dez Teichner kalender;* an ihn schliesst sich auf 2b der unsrige, von derselben Hand geschrieben und 2b und 3a füllend; auf 3b stehen von späterer Hand einige Gebete.

Beim ersten Anblick scheint der Cisio-Janus zu wimmeln von kalendarischen Unrichtigkeiten, die sich anscheinend nur durch gewaltsame Mittel, bedeutende Kürzungen oder Streichen von Worten entfernen lassen; indessen stellt sich bei genauerer Betrachtung heraus, dass diese auf Rechnung des Schreibers, nicht des Verfassers zu setzen und auf leichte Weise zu berichtigen sind. Der Verfasser wollte nämlich nicht immer mitgezählt wissen eine Anzahl Endsilben, besonders solche mit stummem oder tonlosen e und mit auslautendem Vocal und das Präfix ge und wird das wohl auch durch die Schrift angedeutet haben, während unser Abschreiber den Vocal fast stets schrieb; lassen wir ihn weg, so dass die betreffenden Silben nicht mehr die Geltung von solchen haben, so rückt der grösste Theil der Heiligen auf die ihnen zukommenden Plätze.

Die Silben, deren Vocale der Dichter mit besonderer Vorliebe synkopirt, sind:

ge. v. 7 gricht. v. 10 gsang.

Die Endung e in hertz(e) v. 31, während dagegen v. 41 in alle heiligen e als Silbe gezählt wird.

en. v. 1. Perchtn. v. 7 strengn. v. 12 Rueprechtn. v. 14 pluemn. v. 16 gachn. v. 22 grossn. v. 27 cherssn. v. 30 Matzzn. v. 31 Frarn (dieses Wort ist übrigens einmal ohne e, frarn, geschrieben v. 20). v. 31 chlagn. v. 32 erslagn. v. 33 amn.

Als Silbe gilt dagegen en in:

v. 28 Chriehen. v. 41 heiligen. v. 45 süezzen.

Nicht zu zählen ist ferner das e in der Endung ent. v. 39 tausnt. v. 40 hausnt.

el. v. 29 Steffl. v. 36 michl. v. 43 netzzl. v. 46 lützl. v. 47 und 48 Toeml.; dagegen ist e zu schreiben in

v. 46 teufel.

em gilt nicht als Silbe v. 10 in seinem. Es wird wohl zu schreiben sein seim.

Das e in er ist zunächst zu streichen in 2 Worten, denen es gar nicht zukommt, nämlich Affr, geschrieben Affer v. 30, welches Abkürzung von Afra, und Peter v. 20, wo es Abkürzung von Petronella ist; aber auch sonst muss es meist weggelassen werden; so in

Petr v. 24. u. 29; in einem Vers, v. 15, sogar in 3 Worten gutr rittr sendr, wogegen es beizubehalten ist v. 8 Peter. v. 14 pleter. v. 24 ritter. v. 26 prueder. Vielleicht ist sogar der Artikel der einmal nicht als Silbe zu zählen v. 34; dasselbe gilt vom Pron. er, welches sich eng an die voraufgehende Verbalform anschliesst in getr v. 19.

Als vom Schreiber eingeschoben zu betrachten ist wohl auch das *i* in *Perichten* v. 1, *zwelif* v. 26 und *Gilig* v. 33; dagegen zu schreiben und zählen ist es v. 16 *Goriy*.
Wegzulassen ist endlich das *a* in *Stephan* v. 29 u. 48 und der auslautende Vocal in *Sophei* v. 18 (hier schon des Reimes wegen). *Tyburzy* v. 14., *Virgili* v. 36.
Einige andere noch bleibende kalendarische Fehler lassen sich leicht entfernen durch Umstellen, Streichen und Kürzen eines Worts: so kommt *Britzz* = Briccius v. 42 auf seinen Platz, wenn es vor *iem* gestellt wird. Umzustellen ist wahrscheinlich auch der Imper. *lazz* v. 8 vor *Peter;* die beiden Heiligen Peter und Matthias befinden sich zwar auf ihren Plätzen, falls wir nur v. 7 die Endung *en* im Worte *strengen* als Silbe zählen; indessen hat dann die Strophe eine Silbe zu viel; zählen wir dagegen *en* in *strengen* nicht mit und nehmen jene Umstellung vor, so ist alles in Ordnung.
Ein andrer kalendarischer Fehler in v. 21 ist durch Weglassung des Namens *Bonifaz* entstanden; setzen wir ihn ein, so bringen wir *Preim,* sowie die folgenden Heiligen auf ihre Stelle und gewinnen einen passenden Reim auf *schatz;* übrigens fehlt Bonifacius als Heiliger für den 5. Juni in nur wenigen Cisio-Jani.
Auf solche Weise kalendarisch berichtigt lautet der Cisio-Janus:

Daz ist dez Steyrer Kalender.
Neu ist daz iar in Perchtn lant.
Erhart, nach dir ist dem Felix gar Ant.
Brisca, Fab., nes, Vinzent wart.
Paulus, der hat sich bechart.
5. *Preid, liecht Blas zunt, Agt, Dorothe, Preim,*
Scolastica, Valent,
Hilf vor dem strengn gricht!
Lazz, Peter Mathias, uns nicht!
Tump ist die werlt ze dem raschany.
10. *Den tantz richt Gregor mit seim gsang.*

2. Erhart, 8. Januar.
8. *P. M. lazs* Handschr.

Gedraut und abtt Benedict, schikch
Marei, Rueprechtn, mich anplikch!

Abrill, sag Ambros, der may;
die pluemn, pleter, gras uns Tyburz hay.
15. *Gutr rittr, hilf rou sendr not!*
Gorig, Marcus wend den gachn tot!

Philipp, crux, Flor., Got., Hanns, ich hoff,
mich tröst noch heur mein fraw Soph.
May gruen, der pluen dort her; dô getr.
20. *Prich Urban ciol, tray frawn, Petr!*

Nikom, Erasm, Bonifaz,
Her Preim, der funt vil grossn schatz.
Veyt huett daz hauz. Prothos faul,
ritter Hanns, wach auf! slaf nicht, Petr Paul!
25. *Trinck Process! Uolreich ist umb sechs.*
Trinkt, prueder! Margret gitt zwelfpot, lex.
Wol auf nach cherssn, Maydalen!
Jacob wil nach Chrichen gen.

Petr, Steffl, Stephn, Valtein, Sixt,
30. *Affr, haimleich Lorentz pey Mutzzn ligst.*
Frawn schird uns macht noch mannich hertzz chlagn.
Bartholomeus tod, Hanns erslagn.

Gily mit dem most offt ann rellt.
Fraw höcht die pärd, dr wiert am chräutz zelt.
35. *Eu., Ruprecht, schach und Math., Mauritz.*
Rueprecht, Virgil haut Michl witzz.

Den Leo Frantzz slueg mit der stang.
Dyonis tod; Cholman hang.

---

12. Rupertus v. Salzburg, 27. März.
16. *wend uns* Handschr.
21. *Nic. Erasem* Handschr. Erasmus, 2. Juni.
24. *auf* fehlt Handschr.
26. lex = Alexius, 17. Juni.
30. matzze = Maximus 13. August.
36. Virgilii elevatio, 26. September.
37. *her Frantzz* Handschr.
38. Colmann, Märtyrer, 13. Oktober.

Gall und Lucas und maid aindlef tausnt
40. *datz Choln datz Symonn all hausnt.*
Alle heiligen Lienhart cieng.
Do trannkch Mertt, daz Britzz iem engieng.
Strikchs netzzl, Els! Jungfraw Cec., Clement, Kuerl.
Trinch rasten Sat Aendrl!
45. *Hilf süezzen Barbar, Nyclos, fraw,*
daz uns der teufel lützl schaw.
Hie läutt mit fuchsswantz Toeml mir spat.
Läutt Christ, Stephn, Hanns, Chind, Toeml dort drat.

Zahlreicher ist die zweite Classe der Cisio-Jani, in der jeder Tag durch ein Wort ausgedrückt ist; zu ihr gehört

3. der von Hermann, dem Mönch von Salzburg, Ende des 14. Jahrhunderts verfasste Cisio-Janus, den man bis jetzt als die nachweisbar älteste deutsche Bearbeitung betrachtete (vgl. Nr. 7), erhalten in einer Wiener Handschrift Nr. 2856 und in der Münchener Hs. der Kolmarer Meisterlieder Nr. 4997, f. 648 unter dem Titel: *Des münch Cisiojanus die jarwyse.*

Nach Hofmann, Verzeichniss der Wiener Handschriften S. 252 ist seine Ueberschrift: *Hie hebt sich an ein teutscher Cisio-ianus des munichs,* sein Anfang

Besniten wirdigkleichen wart der dreyer konig betaget.

Schon diese Probe zeigt, dass es ein Wort-, nicht ein Silben-Cisio-Janus ist; *konig* = heiligen drei Könige, 6. Januar, ist das 6. Wort.

Der Cisio-Janus besteht aus 12 Strophen, je einer für den Monat (Die Münchener Handschrift enthält nach Bartsch nur 11).

In Pfeiffers Uebersicht über die deutschen Cisio-Jani im Serapeum 1853 wird er S. 145 unter Nr. 1 besprochen; im Druck ist er noch nicht erschienen.

4. Der älteste bekannte im Druck erschienene deutsche Cisio-Janus, hervorgegangen aus der Druckerei Günther Zeiners

---

42. *icm Br.* Handschr.
43. *Cecil* Handschr.

in Augsburg 1470 unter dem Titel *diss ist der Cisio-Janus tzu tutsch und ein yeglich wort gibt einen tag*. Aus den vielen von ihm vorgenommenen Nachdrucken, von denen einige des 16. Jahrhunderts Latendorf in Mones Anzeiger 1871 Spalte 135—138 beschreibt, geht hervor, dass er einer der beliebtesten Kalender war.

Als seine Heimath wird man wohl wegen Erwähnung Arbogasts v. 40 das Elsass ansehen dürfen. Die Namen der 4 letzten Monate zwar, die nach Zapf, Buchdruckergeschichte Augsburgs S. 9 *fulmont, herbstmont, slachtmont, wintermont* lauten, weisen auf die Gegend des Westerwaldes hin. Denn *fulmont* heisst nach Weinhold, die deutschen Monatsnamen S. 18 der September in ganz Mitteldeutschland, Hessen, Thüringen, Schlesien, am Main und im Westerwald, in keiner von diesen Gegenden kennt man indessen für November den Namen *slachtmont*, ausser im Westerwald (ausserdem nur noch in den Niederlanden), während dieser Name gewöhnlich den December bezeichnet. Indessen stammen diese Ueberschriften wohl vom Schreiber oder Drucker. Ein anderer gleich zu besprechender Abdruck weist die gemeindeutsche Monatsreihe auf.

Den Zeiner'schen Druck hat vollständig mitgetheilt Gräter im altdeutschen Almanach, den er seiner Zeitschrift Iduna und Hermode 1812 beigab, mit Weglassung der Monatsnamen; auch sind einige kleinere Abweichungen wenigstens von der in Zapfs Buchdruckergeschichte gegebenen Probe (Oktober) zu bemerken. Eine in Einzelnheiten mannigfach von diesem Gräter'schen Abruck abweichende Ausgabe desselben Cisio-Janus publiciert Grotefend in Ersch und Grubers Real-Encyclopädie unter „Cisio-Janus", ohne indessen anzugeben, woher er sie entnommen und in welcher Beziehung sie zum Zeiner'schen Drucke steht. Dass es kein direkter Abdruck von diesem ist, zeigt schon die eben erwähnte Verschiedenheit der Monatsnamen. Aber auch die sonstigen Abweichungen vom Gräter'schen, also Zeiner'schen Texte sind nicht unbedeutend. Abgesehen davon, dass die Grotefend'sche Schreibweise grösstentheils die nhd. ist — übrigens ist auch die Zeiner'sche modernisiert: so ist geschrieben *ei* statt *i*, während der Reim *himmelreich: sich* zeigt, dass *i* einzusetzen ist — wodurch eine Anzahl falscher Reime entstehen, wie *gehn:schön, wolle:geselle,* finden sich Verschiedenheiten ganzer Worte und Verse. Meist bietet dann der Gräter'sche Text die richtige Lesart.

Versuchen wir nun aus diesen beiden Recensionen mit Hülfe des oben besprochenen Kriteriums, der Vertheilung der Worte auf die Tage, durch Einsetzung der durch den Reim belegten Sprachformen u. s. w. den ursprünglichen Text zu reconstruieren.

Danach würde er sich etwa so gestalten:

Jesus, das kint, wart besnitten;
drei kunig vom Orient kamen geritten
unt opfferten dem herren lobesam.
Antonius sprach zuo Sebastian:
5. *'Agnes ist do mit Paulus gewesen.*
Wir solten ouch mit wesen.'

Brigida, Maria wolten mit Agatha gon,
Jesum ir kint opffern schon.
Do ruft Valentinus mit. macht:
10. *'Frewent euch der Fastnacht!*
Wenn Peter und Matthias
kommen, schier wissent das.'

Der Mertz, der rärt doher mit Thoman
und spricht, er müsse Gregorium han;
15. *mit dem wolle er disputirn.*
So kompt Benedictus und wil hofirn
Mariae unser trösterin
und dem jungen kindelin.

Z = der Zeiner'sche Druck, wie ihn Gräter gibt.
Gr. = die Grotefend'sche Ausgabe.
6. Gr. *genesen.*
7. Gr. *da Maria wolt; gehn.*
11. Gr. *denn* wie auch 71.
12. Gr. *wisset.*
13. der fehlt Gr. dann *Herr Thoman.*
14. Z. *müste.*
17. Gr. *Marien Gottsgebererin.*

April und bischof Ambrosius
20. rarn do her und sprechen alsus:
'Die ostern wellent Tiburtium bringen'
'So wil Valerianus das Alleluia singen.'
sprachen Jörg und Marx zuhant.
Wüsste das Peter Maylant!
25. Philippus das kreutz funden hat.
Johannes leidet das ölbad.
Gordian sprach zu Servatio:
'Wir wollen fürwar nit baden also.
Gang flugs und sag es Urban schnell,
30. daz er uns bring Petronell!'

Wir sollen frölich leben.
Bonifacius will uns alles vergeben,
als Barnaba mir hat geseit.
Vitus sprach mit bescheidenheit:
35. 'Gerrasius und Albanus wellen jagen.
Hans und Henselein sollen das Petern sagen.'

Theobald, Maria und Ulrich
rarn in die ernt gemeiniglich.
Des freuet sich Margretha fürwar vast
40. und macht das alles herr Arbogast.

20 Gr. daher. Gr. Adesius statt alsus.
21. Gr. „schier" nach wellen.
23. Gr. Georgius und Marcus.
25. Z. Mey das kreutz. Gr. erfunden.
26. Z. Johannes im öl wart gebadt. Mamertus sprach zu Servatio; auf diese Weise kommt zwar Mamertus an seinen Platz, aber Servatius auf den 14, statt den 13.
28. Gr. trown, wie auch 39).
32. Z. allen.
35. Gr. Alban. Z. wollen.
36. Z. Johannes und Hensell.
37. Gr. Wolt.
38. Z gemainlych.
40. Gr. Z. heer.

35. Albanus Martyr, 21. Juni.
37. Theobald, 1. Juni.

*Magdalena wil ouch Jacob lieb han.
Das verdreusst bischoff German.*

*Peter und Steffen wünniglich,
Oswald, Sixtus, die freuen sich.*
45. *Laurentz sprach: 'Das wisse menniglich:
Maria wil rarn zuo himelrich.'
Bernhard gieng das sagen Bartholome.
Ludwig sprach, das wüst Johans houbt e.*

Egidius blies uff sin horn:
50. *'Freuent euch, Maria ist geborn.'
'Lassent uns das kreutz erhöhen.
So wirt der herbst nahen.'
Mattheus, Mauritz sprachen also.
Des wart Cosmas und Michael vro.*

55. *Remigius, der hies Frantzen
Mit Gertruden frölich dantzen.
Dionysius sprach: 'Was bedütet das?
Es were Gallen mit Luxen gestanden bas.'
Ursula sprach: 'wer dantzen welle,*
60. *der si Simonis und min geselle.'*

*Alle heiligen fragen nach guotem win.
Wilbrodus sprach: 'Louffent hinin!'*

---

44. Gr. *der freuet sich.*
46. Z. *Mariae.*
47. Gr. *gang, say das*: in diesem Fall kann man schwanken, welche Lesart aufzunehmen sei.
51. Gr. *erheben*; weder dies, noch *höhen* von Z. reimt auf *nahen* oder *nähen.*
53. Z. Gr. *sprechen.* Gr. *Jo.*
56. Gr. *Gertrud.*
57. Gr. *bedeutet.*
58. Gr. *und Lucas besonder bas.*
59. Gr. *wolle.*
62. Gr. *Felix* statt *Wilbrodus*; *kompt herein.*

---

48. Ludwig, 25. August.
62. Willibrodus, Bischof von Utrecht, 9. November.

Martin schenkt guoten most
und hat ouch dabi Elisabeth guote kost.
65. Caecilia, Clemens, sagent Katharina das!
Bilhild hies kommen Andreas.
'Wenn kompt jungfrowr Barbara?'
Sprach Niclas zuo Maria.
'Wie lang sol denn Lucia beiten,
70. das sie das kindelbett bereiten?
Wenn Thomas bringt schier die Weihenacht.'
Steffen, Johann, kindlin, Thoman habens gesagt.

Zu dieser 2. Classe gehören auch zwei vom Tiroler Dichter Oswald von Wolkenstein, der in der 2. Hälfte des 14. und zu Anfang des 15. Jahrhunderts lebte, verfasste Cisio-Jani: man findet sie abgedruckt in Beda Webers Ausgabe der Wolkenstein'schen Gedichte (Innsbruck 1847): den einen, Nr. 5, in zwei Abdrucken verschiedener Handschriften als Nr. CXXI und CXXII, von denen, wie wir schon oben bemerkten, CXXII, wo sie von der andern abweicht, nur fehlerhaftes bietet, den andern, Nr. 6, als Nr. CXXIII. Die beiden Cisio-Jani zeigen unter sich Verschiedenheit bezüglich des Versmaasses, des Zusammenhangs, in den die Heiligen zu einander gebracht sind, und der Heiligen selbst.

In Nr. 5 umfasst jede Strophe einen Monat, während in Nr. 6 auf eine solche 2 Monate kommen. Diese 2 Monate sind auch dem Zusammenhang nach nicht von einander geschieden; einmal laufen sie sogar vollständig in einander über. In der ersten Strophe ist nämlich das erste Wort des die Heiligen des Februar umfassenden Satzes, der Artikel *die* als 31. Wort des Januar zu zählen. Streng dagegen werden je 2 in einer Strophe vereinigte Monate von einander geschieden. Die Ueberlieferung von Nr. 6 ist an mehreren Stellen eine

---

63. Gr. *schenkt jetzt*.
64. Gr. *hat dabei viel guoter kost*.
66. Gr. *Adrent* statt *Bilhild*.
72. Gr. *haben Thoman bischoff gemacht*.

---

66. Bilhildis, 27. November.

corrupte, wie sich bei einfacher Nachzählung der Worte
ergibt. Wir begnügen uns, hier diese Stellen zu verbessern,
verweisen im übrigen auf die Weber'sche Ausgabe.

Auf den April kommen 31 Worte und zwar ist die
Corruptel zwischen *Marcus*, der richtig die 25. Stelle einnimmt
und *Vitalis*, der an falschem Platze, dem 29. statt des 28.,
steht: wahrscheinlich ist das Wort *hie* nach *uns* wegzulassen,
so dass die Strophe für den April so lautet:

> *Abrelle, wrankelicher muot,*
> *Ambrosius, der Celestin* mit hohem fruot*
> *gab pabst Leo dem Tiburtzen.*
> *Aus ellend uns Valer schier kir!*
> *Eins guten endes Jorg, Marcus uns gewer!*
> *Vitalis fruchtet wurtzen.*

Der Juli hat nur 30 Worte und zwar ist Ausfall eines
Worts anzunehmen hinter *Kilian*, das richtig das 8. Wort ist,
während die folgenden Heiligen eine Stelle zu früh stehn;
durch Einsetzung von *zur* vor *Margret* wird auf leichte Weise
die kalendarische Richtigkeit hergestellt und die den Juli
enthaltende Strophe lautet:

> *Die künigin vor Ulrich rait*
> *und auch Kilianus darnach schrait.*
> *Zur Magret Haintz sait:*
> *'Tailunge gebt Alexen!'*
> *Arnolff, der lud Braxedelein,*
> *Magdalena, junckfrau Kristein,*
> *Jacob, Andlein,*
> *die pandt Felix ein kraxen.*

Im September ist das vor *Mauritz* stehende *und* hinter
diesen Namen zu setzen: so wird Moritz das 22., Ruprecht
das 24. Wort in der Halbstrophe.

Ferner ist zu bemerken, dass im Oktober *kenstu* als 2
Worte betrachtet, dagegen im December *sôl lâ* in eins zu-
sammengezogen werden müssen.

---

* Celestin, als Heiliger für den 6. April, nur noch in einem von
Weidenbach veröffentlichen Calendarium von 1452: der Tag Celestins
ist sonst der 7. Juni.

In Nr. 5 sind, obwohl je eine Strophe einen Monat umfasst, dennoch diese nicht dadurch streng von einander geschieden, sondern laufen mehrmals ineinander über, indem zum vorhergehenden Monat zu zählende Worte mit in die für den folgenden bestimmte Strophe gezogen sind. So hat die erste Strophe nur 29 Worte und sind die beiden Anfangsworte der den Februar enthaltenden Str. 2 mit herüberzunehmen, wiewohl das 2. die Ueberschrift des folgenden Monats, *hornung*, ist. Eben dasselbe Verhältniss ist zwischen Februar und März. Aus Str. 4 gehören zum März sogar noch 3 Worte. April und Mai werden mit Str. 4 und 5 beendet; umgekehrt wie vorher hat wieder Str. 6 ein Wort mehr als der darin besprochene Juni Tage: das letzte ist als erstes Wort des Juli zu zählen: zu diesem gehören ausser Str. 7 noch die 3 ersten Worte von Str. 8: ebenso die 3 ersten Worte von Str. 9 zum August, obwohl auch hier wieder eins der Name des folgenden Monats, *September*, ist. Je ein Wort der folgenden Strophe gehört dem vorhergehenden Monat an in Str. 10 und 11. Die Ueberlieferung in der unter Nr. CXXI abgedruckten Hs. ist eine gute und ist schon desshalb die kalendarische Richtigkeit gewahrt, weil in ihr die Worte auf die einzelnen Tage vertheilt untereinander geschrieben sind. Als Probe möge Str. 12, die den December umfasst, Platz finden:

1. *December*.
2. *Hilff*
3. *uns*
4. *Barbara*, Barbara, 4. Dec.
5. *Sant*
6. *Niclaus* Niclaus, 6. Dec.
7. *und*
8. *Maria*, Mariae Empf. 8. Dec.
9. *dar*
10. *zuo*
11. *die*
12. *mynniklich*
13. *Lucey*, Lucia, 13. Dec.
14. *das*
15. *wir*
16. *der*
17. *sünden*
18. *werden*
19. *frey*.
20. *Herr*
21. *Thomas* Thomas, 21. Dec.
22. *und*
23. *der*
24. *heilig*
25. *Krist*, Weihnachten, 25. Dec.
26. *Steffen*, Stephan, 26. Dec.
27 *Hans*, Johannes, 27. Dec.
28. *Kind*, Unschuld. Kindlein, 28. Dec.
29. *Tomel*, Thomas, 29. Dec.
30. *frisst*.
31. *Silvester*. Silvester, 31. Dec.

7. Der zuerst in Fichards Frankfurter Archiv für ältere deutsche Litteratur und Geschichte 3. 1815 S. 212—215 aus einer Miscellanhandschrift des XV. Jahrhunderts unter der Ueberschrift: *Ein tutscher Kollender und ist mit dem ersten des erst mond Januarius*, veröffentlichte Cisio-Janus, in Pfeiffers Uebersicht unter Nr. 6 S. 148 aufgeführt. Denselben kannte man bis jetzt noch aus einer Wiener Handschrift Nr. 4494, des XV. Jahrhunderts, in Hofmanns Verzeichniss S. 166 besprochen, und zwei Grazer Miscellanhandschriften Nr. $\frac{40}{11}$ und $\frac{34}{42}$ der K. K. Universitätsbibliothek zu Graz, auf die zuerst Jeitteles in Bartsch Germania XXI S. 339 aufmerksam gemacht hat. Auf ihnen basiert auch der von letzterem ebenda hergestellte Text, der indessen, wie schon erwähnt, da Jeitteles nur darauf ausgeht, einen verständlichen Sinn in geregelter metrischer Form herzustellen, statt zunächst für die kalendarische Richtigkeit Sorge zu tragen, nicht immer der richtige und ursprüngliche ist. Diesen versucht, wie schon erwähnt, Krause Germ. XXII S. 286—290 herzustellen.

Zu diesen Recensionen kann ich noch einige neue fügen, drei in Münchener Handschriften, Cgm. 203 vom Jahre 1458, Cgm. 303 von 1457, Cgm. 4425 und eine in der schon oben besprochenen Donaueschinger Papierhandschrift Nr. 103 erhaltene, von denen ich die erste und die beiden letzteren collationiert habe.

Von ihnen ist von Bedeutung besonders die Donaueschinger Handschrift, weil wir aus ihr den Namen des Dichters kennen lernen. In ihr trägt nämlich der Cisio-Janus die Ueberschrift: *Daz ist des Teichner Kalender*. Heinrich Teichner, bekannt als der fruchtbarste didaktische Dichter des 14. Jahrhunderts, ein Oesterreicher, dichtete nachweislich von 1350—1377, wahrscheinlich aber schon früher: wir dürfen deshalb unsern Cisio-Janus als mindestens gleichaltrig, wahrscheinlich älter ansehen, als den bis jetzt für den nachweisbar ältesten gehaltenen Hermanns, des Mönchs von Salzburg, dessen Lebenszeit ins Ende des 14. Jahrhunderts fällt (Erzbischof Pilgrim von Salzburg, auf dessen Veranlassung er seine

Kirchenlieder schrieb, starb 1396). Denn einen Zweifel in die Wahrheit des Zeugnisses zu setzen, haben wir keinen Grund; wohl aber wird dies dadurch gestützt, dass die Oesterreichische Abkunft des Cisio-Janus ausser Zweifel steht, zunächst wegen Erwähnung einer beträchtlichen Anzahl nur in der Salzburger Diöcese oder in Oesterreich verehrter Heiligen, nämlich von Erhart v. 2, Ruprecht v. 20 und v. 57 (Todestag und Tag seiner Erhebung), Achatius v. 39, Kolmann v. 62, Wolfgang v. 66, Virgilius v. 73, vielleicht auch Anna v. 45, dann wegen der Nennung zweier Heiligen für Tage, an denen, wie oben wahrscheinlich gemacht ist, nur in jenen Gegenden ihr Fest gefeiert wurde, nämlich Georgs an 24. Stelle des April, Margarethas an 12. des Juli.

Was das Verhältniss der Handschriften unter einander betrifft, so weicht in mehreren Fällen nicht unbeträchtlich von den übrigen ab Cgm. 234. Sie bietet eine Anzahl wahrscheinlich grösstentheils vom Schreiber eingefügter Heiligen, die sich in keiner der übrigen vorfinden, so

Reichart v. 10, Apollonia v. 11, Bonifacius v. 35, Wylbolt v. 42, Sebaldus v. 49, Mauricius v. 57, Caecilia und Clemens v. 72, u. A. Die Erwähnung von Wylbolt an 7. Stelle des Juli = Willibaldus, Bischof von Eichstädt, 741–786, macht wahrscheinlich, dass der Schreiber der Eichstädter Diöcese angehörte.

Weniger weicht Cgm. 4425, unbedeutend die Donaueschinger von den übrigen Hs. ab, dann meist die richtige Lesart bietend; bedeutender sind die Abweichungen aller Handschriften von dem von Jeitteles hergestellten Texte, der ja, wo es ihm der Sinn zu verlangen schien, sich willkürliche Aenderungen erlaubte. Eine Herstellung des Textes, basierend auf handschriftlicher Grundlage, wird zeigen, dass die Aenderungen von Jeitteles grösstentheils auf schwachen Füssen ruhen und dazu unnöthig sind, dass aber auch die von Krause gemachten Verbesserungsvorschläge meist überflüssig sind und die Herstellung des ursprünglichen und richtigen Textes bei weitem einfacher ist.

Besniten ist daz kint.
Drey künig sint Erharts gesint;
der stern weist sie.
Wann kumt Marcellus, Antoni?
5. *Prisca, sag Fabian!*
Agnes Vincenten wil han,
Paulus Polycarpen
mit ganzen trewen wil warten.

Breid, Maria Blasius sach.
10. *Sant Dorothea sprach:*
'Rat trewlich, Scolastica,
daz im Sant Valtein la.'
Juliana sicht auf dem stul sitzen
Petrum und Matthiam, die pflegen grozzer wizzen.

15. *Merz, du heizzest Adrian*
des pfinztages gein pad sagen.
Den lerer Gregorium sol man fein cragen.
Gerdraut, gib herberg guet

Ich führe die Varianten nur an, wo ich eine vom Jeitteles'schen Texte abweichende Lesart aufgenommen habe oder eine der neu collationierten Hs. abweicht. Durch A, B, W, F bezeichne ich mit Jeitteles die beiden Grazer, die Wiener Handschr. und den Fichardschen Druck, mit M 1 und M 2 die beiden Münchener, mit D die Donaueschinger Hs., mit a den Jeitteles'chen Druck.

2. *sagt* B D. *sag* M 2; *sagten* a (A W). *samt* F.
8. *wil* D B W F M 1 M 2, *sol* a (A).
5—8. in D fehlerhaft vertauscht mit der ersten Halbstrophe des Februar durch Verwechslung von Prisca und Breid.
10. *Agat Dorothea (Reichart)* M 1 W F. *sprich* M 2.
11. *Ratt Apolonia* M 1.
12. *daz ir sand* M 1. *daz sand* a
13. *sich* a. *sichr* M 2. *sach* W F D.
14. *Petrus und Mathias*, a M 2. *pflagen* D.
15. *Merz haizz Kunigunden* W. *Mertz und Chünegund* F. *Mercz thu Kungund* M 1.
16. *donerstag* M 1. *das dornstag* F. *zu pad* A F D M 2 a.
17. *sol mir* M 1. *sein* a (A B W) M 1.
18. *gib weg guet* a.

Benedicten, so wirt wol Maria gemuet.
20. *Rueprecht, lieber knecht, hab verguet!*
   Abrill unstaeter schein.
   Ambrosius kan vil latein.
   Der lert dich daz:
   'Du solt Tiburzen volgen baz.'
25. *Sich, Valerian, daz groz ellend!*
   Wir fürchten Jorgen, Martzen gaches end,
   Vital, daz wend!

19. *maid* M 1.
20. *gueter knecht* M 1, 2. *nim verguet* A M 2 a.
22. *wol latein* M 2.
23. *lernet* M 1, 2.
24. vgl. zu v. 26. *sand thyburezen sollt* M 1.
25. Daran, dass Vaierian als Heiliger für den 18. April erscheint, nimmt Krause Anstoss; er kennt nur den mit Tiburtius gemeinsam am 14. April verehrten Valerian; ein Heiliger des Namens für jenen Tag „kommt nirgends vor". Er nimmt desshalb zu einer höchst gesuchten Erklärung seine Zuflucht; in less würde er wohl selbst ihre Nichtigkeit erkannt haben, wenn er einen Blick auf die andern Cisio-Jani oder in ein Martyrologium hätte werfen wollen. Valerian kommt als Heiliger für den 18. April allerdings vor, ist sogar so beliebt, dass er nur in wenigen Cis. fehlt; so finden wir ihn in den beiden Wolkensteinern Nr. 5 und 6, in dem von uns unter Nr. 1 und 4 genannten und auch in den latein. Abfassungen; denn in letzteren kann man ihn doch unmöglich mit Tiburtius, mit dem er durch *et* verbunden ist, zusammennehmen (einzelne Recensionen bieten übrigens *Tiburti Pet Valer*), da natürlich im Silben-Cisio-Janus ein Tag nur durch den Namen eines Heiligen angedeutet werden kann (vgl. übrigens über Valerian als Heiligen des 18. April Latendorf f. K. d. d. V. 1871. Sp. 137). *Valerian* fehlt M 1.

26. Noch grössere Schwierigkeit macht Krause St. Georg, der hier statt an 23. nach ihm auf 25. Stelle steht; da auch Marcus auf die 26., Vitalis auf die 30. Stelle gerückt sei. müsse ein unbedeutendes Wort gestrichen werden; Krause streicht mit A das Wort *wir* vor *fürcht*, das er in *fürhten* verwandelt; indessen steht in der Mehrzahl der Hs. Georg gar nicht an 25. Stelle, sondern ist nur von Jeitteles dahin gerückt durch Aufnahme von *daz* aus A. v. 24 vor *du* und Stellen von *scholt* hinter *Tiburcio*. Setzen wir die handschriftliche Lesart ein, so rückt Jorg an die ihm zukommende 24. Stelle, ebenso die beiden andern Heiligen; dagegen kommt Valerian auf die 17. Stelle zu stehn. Da bieten denn DF und M 2 das richtige; in ihnen steht *sich* vor *Valerian*, so dass dieser richtig das 18. Wort im Verse ist. *gachen end* (B W) a. *gachen und* A. *gab ende* F.

*Philipp daz kreutz ist
Sant Johannes*
30. *und dem dank fein
mit ganzen trewen jungfrauw Sophei.
Mai, du bringst laub und gras. Gar snell
reit Urban auf den grossen jarmarkt gen Peternell.*

Hilf, getrewer Erasm
35. *auz grozzer armuet!
Wir danken Preim,
waz er uns guets tuet.
Veit, sich hebt ein grozzer streit,
bezwingt Achatz Vriaul.*
40. *'Johannes tauf. Hensel släft.' sprach Peter Paul.*

*Sprich, Process, daz Ulreich
teil sein hab Kilian geleich.
Dar umb Margret wil senden poten zu Alexen.*

30. dienet dem gedanck sye mit ganzen trewen junckfraw Sophy F. und dem danck sein mit ganzen trewen junkfrau Sophei(n) D M 2 und dem wir dancken sein mitt trewen junckfraw Sopya M 1. dem danch sei mit ganzen trewn der junchfrawen Sophein u. dem danch sein A B W.
32 Mai du bringst uns laub und gras snell (A B W?) a.
33 marckt M 2. *[Petronel hier die Ortschaft bei Haimburg.]*
34. getrew D A.
35. und Bonifacius M 1.
36 dir M 2. dauken wir M 1.
38. grozzer fehlt D.
39. betwing achatz friaul D. wething achaez stagaud B. bezwinget zu fryel F. auf Achatzen leib W. gebint Achaez rirgantl M 1. bezwing Achatzen zeit M 2. gewint Achatz Vriaul (A) a.
40. tauft M 2 F. tauffer Henssel slafer M 1. henselen me F. Hensel slaf a. sprich M 1. Jhesu peter pauls M 2.
41. Sprich Maria M 1, 2 (visitatio Mariae, 2. Juli); sich Process (A) a.
42. sein teyll Wylboltt Kylian geleich dorumb auch Sand Margarett M 1. sin teyl Kylian F.
43. poten senden A B W M 1, 2, F. Alexen reich Arnolphus (A W?) a. In M 2 ist poten senden fehlerhaft nach Alexen gestellt. wil M alle Handschr. ausser D.

Arnolphus der pat frowen Magdalen,
45. *'Say Christein, Jacob wil ir mit trewen pei gesten!'*
Peter, Steffel, Stephan,
Künig Oswalt, Sixt, Affran
schent Sant Laurenzen in grozzen noten stan.
Maria, du solt uns gewern!
50. *Bernhard dient Timotheo gern.*
Bartholomeus, du solt leren,
Augustin unser suelde meren.
Gily, trink most, wein;
pit die purd Marein.
55. *daz uns die höhung des krenz erschein.*
Her Lamprecht mein,
sag daz Mathes zu Salzburg Ruprechten vvag,
wie Behaim Wenzeln, Micheln klay.
Tuscan, du hast Franciscen
60. *newlich gefangen.*

44. *Arnolfus pat frawn Magdalen* (A B W) a. *spruch zu fraw* F. *arnolt pat frauen bra.vede magdalen* M 2. *Arnolrus der pratt praxedis Madalen* M 1.
45. *sag Christoff, Jacob an wild dir trewleich pey sein* W. *daz ir Jacob mit trewn scholt pei sten* (A) a. *Apollinaris Cristein Jacob Annen wellen* M 2. *Jacob Anna im* M 1. *besten* M 1.
47. *Valtein Oswalt* D. *sich Affran an* F. *sichsl affern an* D.
48. *sich Laurenzen* a. *sich pey lorenczen* B. *du sichzst Larunczen* A. *ciriaci Roman laurenczen pey sand polten stan* W. *pey L. D. by Laurentz und sant Ypoliten stan* F. *du pey lorenczen* M 1. Unsre Lesart M 2.
49. *sollt Sawud Seboltt gebern Sandtt Tymotheus dyenett Bartholomeo gern der lerer Augustinus uns soll lerenn* M 1.
50. *drant* statt *dient* M 2.
53. *most und wein* D. *wein und pit* M 2. *pit* fehlt B.
54. *bitte die jungfrau Mari* F.
55. *den höhung* (A B W ?) a.
56. *du* W F. *hör* D. *niem* A. *nicman* a.
57. *man sagt* M 2. *Matheus Mauricius* M 1. *Heinrei und Ruprecht* M 2.
58. *Künig Wentzla* W. *Virgilium wie Wentzlas* M 2.
59. *Tuscan* = Toscana.
60. *enpfangen* W a. *trculeich* A B W D F a.

Marcus, du haizt Venedig prangen.
Oestereich Kolman hat erhangen.
Gall beleib!
Lucas schreib!
65. Wie Ursula ze Cholle gelang,
daz sol schreiben Symon gen Regensburg Wolfgang.

Heiligen all gemein,
löst uns Lienhart der rein.
So ezze Martein
70. mit Briccen sein gens alein.
Var hin, Elspet,
schaw wiez in Meissen stet.
Katrein, send Virgil nach sand Andre.

Hilf mit trewen, Barbara,
75. daz Niclas uns Maria
gnad erpitt. Zu Venedig
Lucia genedig ligt.
Herr, gib unserm leben crist.
Thomas kündet uns geporen Christ.
80. Stephan, Hansen kindlein, Thomas freunt ist.

---

61. tüett Venedigen prangen M 1.   sol zu renedigen prangen W. so hayss dionisium Regenspurg prangen B.   ez chunnen venedig prangen D.   du fehlt M 2.
62. und Oesterreich M 2.   hatt sand Kolman dorumb M 1.
63. Gallus schrayb, Lucas wye as soll M 1.
65. Die F. das Ursula gen Köln M 2.
66. so sol M 2.
68. lass B. las usz F.   helff W.   lerntt M 1.   erlös M 2.
69. Fro ist M 2.
72. Hessen (A) a   schaw wie Hessen au ste D.   wartt nü zezily Clemens und Katterina M 1.
73. Katrein fehlt D.   sand M 1.
74. Hilf getrewen D.   hilf uns getrewe (A) a.   Nü hylf Sull M 1.   longin mit trewen W.   Elogius hilff bietten F.
75—76 und M 1.   daz Nycla nu Maria erpiet A.   daz Niclas uns Maria erpit a.   von Maria M 2.   erpitten M 1.
77. ligt genedig a gegen alle Hs.
80. gueter freunt (A B) a   freunt Silvester M 2.   Der Vers fehlt Wund F. in letzterem dafür: Silvester papa propern.

8. Der von Pfeiffer unter Nr. 7, S. 148 genannte Cisio-Janus, in einer Wolfenbütteler Hs. überliefert, von dem Eschenburg im Neuen litter. Anzeiger von 1806 S. 62 Nachricht gibt. Seine Ueberschrift lautet: *Hie hebt sich an der Cisio-ianus nach den XII monaten des jars.* In der von Pfeiffer mitgetheilten Probe (Oktober) fehlt vor Franciscus in der ersten Zeile ein Wort, vielleicht Saut: mit Einsetzung dieses lautet der Oktober:

Remigius und Saut Franciscus,
die namen mit in Dyonisius
und kamen do hin gen Sant Gallen.
Der liess in kochen zamen allen
zwelf genz gepraten und gesoten
Symon und andern zwelfpoten.

9. Ein niederrheinischer Cisio-Janus, veröffentlicht von Reifferscheid aus einer Trierer Papierhs. $\frac{2017}{\text{CCCCXXXII}}$ des XV. Jahrhunderts in J. M. Wagners Archiv für die Geschichte deutscher Sprache und Dichtung, Band I, S. 507 bis 510. Die beiden ersten Monate lauten:

Der hardemoent hait XXXI d.

Jairsdach is nu gekomen,
dri conningen hnen dat vernomen,
dat hoirten sagen zwein heiligen man,
sint Anthonis ind sint Sebastiaen.
Agneta, Vincencius cur sint Pauwel steit,
keiser Karl den nu reit.

Spurkillemoent XXVIII d.

Bride, Maria, Blasius sprach,
Agatha, Dorothea haren gemacht
Appollonia quam ouch heimlich dar,
Valentin wart des gewair,
he wolde gerne om Peter gain,
Mathias bleif liever stille stain.

An Umfang der bedeutendste Cisio-Janus ist Nr. 10 der von Pfeiffer a. a. O. S. 150—156, und 173—176 nach einer Papierhandschrift der Stuttgarter öffentlichen Bibliothek (Cod. Bibl. 4 Nr. 20) aus der ersten Hälfte des XV. Jahrhunderts, mitgetheilte „Cysianus". Er zählt 365 Verse, einen für jeden Tag: hier stimmt die Zahl des

Verses, in dem ein Heiliger genannt, mit der des Tags im
Monat, an dem er verehrt wird, überein. Jeder Monat hat
eine Ueberschrift von zwei Versen, die ein charakteristisches
Merkmal des Monats angeben, wie

> *Genner bin ich genant.*
> *Große trůnck sind mir bekant.*
> *Hornung haiß ich, erkenne mich,*
> *gestu nacket, es gruwet dich u. s. w.*

Diese Ueberschriften sind streng zu scheiden von den
übrigen Versen: durch sie würde, wenn man sie mit ihnen
gleichstellen wollte, die kalendarische Richtigkeit in Unord-
nung gerathen; dann durch sie verschiedene Male zwei ein
Reimpaar bildende Verse auseinandergerissen werden. So ist
der letzte Vers des Januar

> *An der sele reinsam*

der erste eines Reimpaars, dessen andrer den Anfang vom
Februar bildet

> *Briden sollen wir han.*

Dazwischen steht die Ueberschrift vom Februar; dasselbe gilt
für den letzten Vers des Februar, April, Mai, Juni, August,
September und November.

Wenn dieser Umstand die Vermuthung erwecken könnte,
dass diese Ueberschriften nicht vom Verfasser des „Cysianus"
herrühren, sondern vom Schreiber eingefügt sind, so wird
diese zur Gewissheit erhoben dadurch, dass wir ganz dieselben oder wenig variirende Verse auch als Anfänge und
Ueberschriften von Monaten in mehreren andern Kalendern
finden, die sonst weder mit dem „Cysianus" noch überhaupt
mit den Cisio-Jani etwas zu thun haben. So beginnen in
einem alten Kalender vom Jahre 1431, der für jeden Monat
gereimte Vorschriften besonders für die Landleute enthält,
(mitgetheilt in Mones Anzeiger 1865 Spalte 319 und 320,
348 und 349 von J. Baader) die einzelnen Monate fast ebenso,
wie hier; der Jenner:

> *Genner pin ich genant,*
> *trinken und essen ist mir bekand;*

der Februar:

> *Hornung pin ich genant, erken mich,*
> *geest du nackent, es gereut dich.*

der März:
> Ich pin geheissen merez,
> den pflug ich hy auffsterez.

Der April zeigt grössere Verschiedenheit; indessen der Inhalt ist der gleiche. Im „Cysianus" lautet die Ueberschrift:
> Ich Abrel zuo rechtem zil
> Die wingarten hacken wil;

im Kalender von 1431
> Appril bin ich genannt, ze rechter zeit
> Ich dy reben besneid.

Völlig gleich sind die Anfangsverse vom Mai, Juli, September, December; aber auch die übrigen zeigen nur geringe Varianten, wie Juni:

Der Brachmonat bin i h genant,	Brachmonet pin ich genant,
Der pflug muss mir in die hant.	Hawen und karst nym ich in di hent.

Fast ebenso lauten ferner die Ueberschriften der Monate des Gedichts „die zwölf monate" veröffentlicht aus einer Einsiedler-Handschrift des XV. Jahrh. von Gall Morel in Mones Anz. 1872 Spalte 215—218.

Die Ueberschrift vom Januar bietet endlich auch, mit einer geringen Abweichung, ein in einer Pergamenthandschrift von 1443 in Donaueschingen erhaltener grosser Kalender, von dem Barack, Verzeichniss der Donaueschinger Hs., unter Nr. 494 S. 334 eine Probe mitgetheilt hat.
> Genner bin ich genant.
> Trinken und essen ist mir wol bekant.

Wahrscheinlich begannen auch die übrigen Monate mit jenen, wie es scheint, stereotyp gewordenen und allgemein verbreiteten Sprüchen.

Dies ist wohl ein hinreichender Beweis dafür, dass diese Sprüche für die einzelnen Monate nicht vom Verfasser des „Cysianus" herrühren, mag er sie auch selbst vielleicht mit zugefügt haben; wahrscheinlicher ist, dass dies ein späterer Abschreiber gethan hat.

Ueber Einrichtung, Anordnung, sachlichen und poetischen Werth, die Sprache des „Cysianus" wird man sich am besten durch eine Probe ein Bild verschaffen können, zu welcher ich den Juni wähle. Einige zu beachtende Verse sind gesperrt gedruckt.

Nicomed an den reyen kart.	Nicomedes, 1. Juni.
Er sprang in die rosen rot.	
Erasmus er gebott,	Erasmus, 3. Juni.
Das er lese der rosen ril.	
5. *Bonifacius lief zuo dem zil,*	Bonifacius, 5. Juni.
do die roten rosen lagen.	
Sin houpt wart im abgeslagen.	
Ouch kam Mechart	Medardus, 8. Juni.
Mit Preim uff die fart	Primus u. Felician, 9. Juni.
10. *und lassen der rosen rott.*	
Barnaban der zwelfbott,	Barnabas, 11. Juni.
Basilidus und Cyrin,	Basilides, u Cyrin, 12. Juni.
die süllen wir erin fin.	
Valerius und Rufus sin genosz.	Valerius, 14. Juni.
15. *Vit leit martir grosz.*	Vitus, 15. Juni.
Er war by den zwelf ioren,	
Do er in die rosen kam gecoren.	
Marcius und Marcelius,	
Gercasius und Brothasius,	Gerv. u. Protasius, 19. Juni.
20. *Regina, ein jungfrow zart.*	Regina, 20. Juni.
Alban sich gen got kart.	Albanus, 21. Juni.
Die zehentusent marterer gut	Achatius u d. 10,000 Märtyrer, 22. Juni.
By dem kan man fasten tůt.	
Also Johannes geborn wart.	Johannes d. Täuffers Geburt, 24. Juni.
25. *Enleus ein goltsmit zart.*	Eligius, 25. Juni.
Johannes und Paulus eren schon.	Johannes u. Paulus. 26. Juni.
Die sibensleffer sollen in han	Die Siebenschläfer, 27. Juni.
zweien zwelfbotten fasten:	
Peter und Paulus dùn rasten	Petrus Paulus, 29. Juni.
30. *zu Rom und Latron.*	

Pfeiffer hält diesen Cisio-Janus für einen Elsässischen; dahin weisen ihn häufige Reimverbindungen zwischen â : ô und sonstige Spracheigenheiten und dafür spreche das Pergamentblatt mit dem Concept eines elsässischen Zinsradels, das auf der inneren Seite des hinteren Deckels aufgeklebt ist. Letzteres kann nur beweisen, dass der Abschreiber ein Elsässer war, die Reimverbindungen â : ô dagegen sind gar nicht so häufig, wie man nach Pfeiffers Worten erwarten sollte. Von 182 Reimpaaren haben wir nur 3 von â : ô.

Im Mai *Urban : Rom*.
Im Juni *schôn : hân*.
Im Juli *Latrôn : heumôn*.

Nicht beweisend ist hiervon der Reim *Latrôn : heumôn;* denn man könnte ebensogut schreiben *Latrân : heumân;* mân für môn ist in mehreren Dialekten eine sehr gebräuchliche Form. Der Reim *Urban : Rom* ist aus Nachlässigkeit des Dichters zu erklären, schon wegen der Verschiedenheit der auslautenden Consonanten. Es bliebe also nur noch *schôn:hân;* dieser Reim allein kann natürlich nichts beweisen; denn vereinzelte Reimverbindungen â :ô finden sich auch in den übrigen nicht nur od., sondern auch md. Dialekten; dass der Dichter *â* nicht als *ô* gesprochen hat, zeigen eine grosse Anzahl von Reimen â : a, wie:

an : gestân (April), *man : getân* (Januar), *man : begân* (März), *ban : rertân* (Februar), *ban : getân* (März),
und von ausl. *a* in Fremdworten auf â:
Egiptiaca : dâ (April).

Bei einem Versuch, aus der Sprache die Heimath des Cysianus zu bestimmen, hat man wohl besonders zu beachten Reimverbindungen von

mhd. *uo : ô* in
zwô : zuo (Februar) Weinhold mhd. Gr. S. 71.
mhd. *e* od. *ê : a* in
schar : har (her) (März): besonders häufig
kart : wart (Juni.)
zart (April). (Juni). Weinhold, mhd. Gr.
S. 21, 23, 54. 57.

mhd. *w : ô*
schôn : krôn (Februar) Weinhold, mhd. Gr. S. 74.
dann solche, in denen Silben mit inlautendem *b* auf solche
mit inlautendem *g* reimen, wie
geslagen : begraben. Weinh. mhd. Gr. S. 189,
vielleicht auch
glouben : schouwen März, u. s. w.
Als Anhaltspunkt kann ferner vielleicht noch der Gebrauch des Part. Praet. *geton* für „gewesen" dienen, im Mai
Und Johannes ewangelist,
Der ein zwelfbott ist geton,
Wolten an den reigen gon.
und im December
Dem guten Thoman,
Der ein zwelfbott ist geton.

Alle diese Eigenthümlichkeiten, die letztere nicht ausgenommen, finden sich auch in den Gedichten des Dichters Altswert wieder, dessen ganze Ausdrucksweise überhaupt ganz zu der des Cysianus stimmt, so dass man fast auf den Gedanken gerathen könnte, ihn als den Verfasser des Gedichts anzusehn. Mindestens werden wir den Verfasser für einen Landsmann Altswerts erklären dürfen. Halten wir dessen Elsässische Abkunft für erwiesen, so würden wir also allerdings auch den Cysianus für Elsässisch halten müssen.

V.

Dies sind die bis jetzt bekannten in hochdeutscher Sprache abgefassten Cisio-Jani. Auch in andern Sprachen sind sie in mehr oder weniger vom lateinischen abweichender Form bearbeitet worden. So sind mir bekannt zwei in niederdeutscher Mundart, je ein in niederländischer, französischer und tschechischer Sprache geschriebener.

Von den beiden niederdeutschen, beides Silben-Cisio-Jani, ist der eine, der Rostocker *Schapherdes Kalender*, in Lischs Mecklenb. Jahrb. XXIII. 126 von Wichmann-Kadow abgedruckt; von ihm lautet nach Anz. für K. d. d. V. 1871, Sp. 137 der April:

*Gy paschen Ambrosy du hochghelerde biscop Tyburci
unde strenge rydder Jurgen marcy byddet vor my.*

der andere, verfasst von einem gewissen im 15. Jahrhundert lebenden Konrad Gesselen, in einem Kalendarium in einer Papierhs. der Rostocker Universitätsbibl. M S. Math. Phys. 1, 4⁰ befindlich, ist von Krause veröffentlicht im Programm der grossen Stadtschule zu Rostock 1875. Hier möge auch dieser Cisio-Janus einen Platz finden:

*Januarius de
Hartman.*

    *Nye iar unde twelfte dach
    de helden dat erste sunte lach.
    Marcel Prisca Sebastian
    vor Paule se nicht verne stan.*

*Februarius de
Hornung.*

    *Na lichtmissen Agata
    Godes hulde uns entsta
    Des helpt uns de truwe man
    Peter Mathias krumpan.*

*Marcius der
Mertze.*

    *Dat men na godes hulden stat,
    Dat is wol Gregorius rat.
    Gertrud unde Benedictus
    Maria kumpt ok aldus.*

*Aprilis der
April.*

    *So volget Ambrosius
    Truweliken bidde got vor uns.
    So volget by namen
    Jurgen Marcus althosamen.*

*Majus der
Mey.*

    *Wolborch Cruce mit Johan
    Solt du io nich under weghen lan.
    Den Sommer bringet uns vorwar
    Urban, der was eyn hilch man.*

*Junius de
Brachman.*

    *Merket sunte Bonifacius
    de kumpt uns aldus.
    Vit der fleghen is eyn kreter.
    Na Johanne volget Peter.*

*Julius der
Hoyman.*

    *Die korne sad vor ghete
    Wanner komen is Grete.
    Apostole komen vor Magdalen.
    Jacob sal der Warheit ghen.*

Augustus der Austmon.	Peter lep us (!) den benden. Los wart Laurent ron brenden. Maria ror up frig ron denne. Bartholome mit Johanne.
September de Hervestman.	Do sprak de reyne sunte Maria ror Jesus crutze. 'mit gode hefft ok Matheus del. ron sanden help Michel.'
Oktober der Windeman.	Remigius der was milde. Dinges dach maket gilde, ok is Lucas mit Meghede dar. Dat seget Symon rorwar.
November Wintermon.	Allen hilghen ensamen So kumpt Merten by namen. Do sprak Elsche aldus; Na Katherinen kumpt Dreus.
December Wluemon.	Ok so kummet uns Nikel Maria, Darna Lucia. An riren is nu Thomas vorsmat. Christ self nu io hochtit hat.

Einen Niederländischen Cisio-Janus erwähnt Mone in seiner Uebersicht der niederländischen Volksliteratur S. 325. Er befindet sich in einer Brüsseler Hs. Nr. 319 in Folio, die eine im XV. Jahrhundert in Utrecht gefertigte Chronik, mehrere Zeitgedichte von 1296—1409, ein Kalendergedicht, danach Bl. 168 bis 170 den Cis. enthält mit dem Titel: *Pratique om den kalendrier ûp de hant te wetene*. Es ist ein Silben-Cisio-Janus, dessen beide erste Strophen nach Mone lauten:

Laumaent:
> Jaers dach, dan Verilt
> dertien dach gi dan stillen silt,
> kalenden, Antonis, Fabi,
> Vincensis, Pauwels, Julien, Valeri.

Sporcle (Spurcalia, Februar):
> Bry, licht, Blasis, Aecht, mant,
> Sporcle, Aubert colgt te hant
> Valentijn, Panche, Julien suen,
> Pieter, Mathis mort — er staen.

Der französische, ein Wort-Cisio-Janus des XVI. Jahrh., ist aus einem Pariser Horarium, befindlich auf der Stiftsbibliothek zu Klosterneuburg (Incun. Nr. 1493, gedruckt in Paris bei Guillaume Anabat) abgedruckt im Serapeum 1862 S. 298 von Jos. Maria Wagner.
Die 3 ersten Monate lauten:

Januarius.

En ianvier que les roys venus sont
Glaum dit fremin mer font.
Anthoin boit le iour rin vet foys.
Palus en sont tous mes dois.

Februarius.

Au chandelier Agathe bent;
mais le vin si fort lesment.
Quil (Jul) tua pres d'aussi
Pierres Mathias aussi.

Martius.

Aubin dit que Mars est prilleux.
Lest mon fai. Gregoir il est feur
Et tout prest de donner des eaue.
Marie dit: 'il es eaue'

Eine böhmische Bearbeitung des Cisio-Janus endlich findet sich in der Wiener Hs. 2875, veröffentlicht von Hanka, Prag 1853.

VI.

Stellen wir nun diesen Cisio-Jani unser heiliges Namenbuch gegenüber, so wird uns, ganz zu schweigen von der lebendigeren, frischeren Art der Darstellung, dem grösseren poetischen, wie sachlichen Werthe des letzteren, sofort auch ein äusserlicher bedeutender Unterschied in die Augen fallen, das Fehlen des charakteristischen Merkmals des Cisio-Janus, eines Entsprechens der Zahl der Tage des Monats oder Jahrs und der Silben-, Wort- oder Verszahl, eines Mittels, durch die Stellung, die der Heiligenname einnimmt, zugleich den Tag seiner Verehrung zu bestimmen. Bei dem Umfang des Namenbuchs könnte man nur an ein Entsprechen der Verszahl und

Zahl der Tage denken, wie es im „Cysianus" sich findet: aber
schon der Januar ist in nur 26, der Februar ebenfalls in 26 Versen
behandelt, für den November sind dagegen 40 und eine ganz
unverhältnissmässige Zahl, 58, für den December verwendet.
Auch die Abstände, in denen die Heiligen aufgezählt werden,
stehn in keinem Verhältniss zu denen der Tage ihrer Verehrung. Heilige, deren Verehrung an zwei auf einander folgenden Tagen stattfindet, sind durch mehrere Verse von einander
getrennt, solche, die weiter von einander entfernt sind, ganz
nahe aneinander gerückt. So stehen zwischen Lichtmess, das
am 2. Februar gefeiert wird, und Blasius, 3. Februar, 7 Verse
v. 71—77: andrerseits sind die Heiligen von Marcell bis
Vincent, vom 16. Januar bis 22. Januar, auf 3 Verse, v. 52
bis 54, zusammengedrängt.

Damit hängt etwas anderes zusammen, dass, während in den
Cisio-Jani nur die unbeweglichen, nicht auch die beweglichen
Feste aufgezählt werden, was uns nicht, wie Latendorf (Anz.
1871 Sp. 137) befremdlich erscheint, da doch der Cisio-
Janus nicht für ein Jahr gedichtet, sondern ein immerwähren-
der Kalender ist, in unserm Namenbuch auch diese eine Stelle
finden. So geschieht sowohl des beweglichen Osterfestes und
der Karwoche (v. 123 —126), wie des Adventsonntags (v. 356)
Erwähnung.

Endlich können im Cisio-Janus, selbst im Vers-Cisio-
Janus, kaum zwei Heilige, die an demselben Tag verehrt
werden, aber kein Paar bilden, genannt werden. Das ist einige
Male der Fall im Namenbuch. Als Heiliger für den 25. Juli
wird genannt Jacobus, aber auch Christophorus

> v. 218—221. *Sant Jacobus, der mere zwelfbot.*
> *Desselben tages solta han*
> *Christophorum, den großen man,*
> *der Christum uff sinre achseln treit.*

v. 146 und 147 werden alle drei Heiligen für den 1. Mai,
Philipp, Jacobus und Walpurgis aufgezählt.

Einen Cisio-Janus dürfen wir also unser Namenbuch
nicht nennen. Mit ihm hat es nichts gemein, als den Stoff,
die Aufzählung von Heiligennamen nach der Aufeinanderfolge
der Tage ihrer Verehrung. Im übrigen ist es, wie ja schon

der Zweck ein ganz anderer ist, von ihm verschieden. Während jener die Stelle unsrer heutigen Kalender vertrat, zur leichtern Einprägung der Kalenderheiligen und ihrer Verehrungstage bestimmt war, sollte unser Buch wohl ein Schullesebuch sein, an dessen Lectüre sich vom kundigen Lehrer Besprechungen und Behandlungen aller Art, von Gegenständen aus der Religion, der Martyrologie, der vaterländischen Geschichte, der Naturkunde u. s. w. anknüpfen liessen; während dort die Stelle, an der die Heiligen zu stehn hatten fest bestimmt war, konnten sie hier freier neben einandergestellt, wo sich Gelegenheit bot, ein kleinerer Excurs gemacht, wo nichts zu sagen war, die Heiligen näher aneinander gerückt werden.

Das eben vom Namenbuch gesagte gilt zum Theil auch für die Laurea sanctorum Hugos von Trimberg; auch in diesem Gedicht findet sich kein Entsprechen der Zahl der Monatstage und Worte oder Verse und deshalb nennt man auch dieses mit Unrecht einen Cisio-Janus.

DAS
HEILIGE NAMBUOCH

VON

KONRAD DANGKROTZHEIM.

A = Strassburger Handschrift
B = Druck.

Jhesus, Marien liebes kint,
dem himel und erde gehorsam sint,
der von dem vatter wart gesant
in die jungfrowe vorgenant
5. und von dem heilgen geiste enphangen:
in des namen angefangen
habe ich dis büechelin betraht
und jungen kinden das gemaht,
das sü darinne leren,
10. das sich ir selde werde meren.
Welch knabe zuo disem buoche hat minne,
der vindet ein guldin rössel drinne,
stiff gesattelt und vin gezöimet —
dast ernst und ist mir nit getröimet:
15. dann es ein luter worheit ist —
und kumet das kindelin Jhesus Crist
mit sine guldinen bredigerstuol
und setzet sich nebent in in die schuol
und bringet im das rössel darin.
20. Ist aber das kint ein megetin,

---

2. *erdt* B. 4. *jungfröwe* A. So auch 81, 86, 154, 204, 210, 234, 240, 263, 325, 526; *uw* 216: sonst *ouw*. 5. *heiligen* B. 7. *büchlin bedraht* A. Anlautendes *t* ist in den Dangkrotzheim'schen Urkunden stets *t*, in A 50 Mal *t*, 25 Mal *d* geschrieben. 8. *kinder* A; flexionsloser Dativ, vgl. *müeter* 306. Beispiele sind zusammengestellt von Martin zur Mörin 643. 11. *Welich* A B. *Buch* A, wie überhaupt stets *u* statt *uo*. 12. *darinne* B. 13. *gezemet* A. 14. *Das ist* B, *getrömet* A. 16. *kummet* B (u. so stets). 17. *sinem* A. *güldin* B. 18. das eine *in* fehlt A. 19. *drin* B.

so bringet des lieben kindes muoter
röcke, mentel und vehe fuoter,
sidene borten mit golde beslagen
und was ein töhterlin sol tragen,
25. vine huben, berlehte löcke,
fluckenbelge und bouwelröcke
und uff sin houbet ein stiffe cron,
als wolte es zuo dem tanze gon,
und wirt lütselig und wol erkant.
30. Dis ist das heilig nambuoch genant
und kan den kinden zuo schuolen locken
und simelknochen in milroum brocken
und in den süeßen hunigseim:
und machte es Cuonrat Dangkrotzheim,
35. aller kinde patterone,
ein löbliche persone,
ist wol eins fulen eiges wert.
Nu hoer, was dir dis buoch beclert!
Zuo erste tuot es dir offenbor
40. alle lieben heilgen durch das jor,
wie die noch einander gont
und in den zwölf monetten stont.

Im Jenner wart das kint besnitten,
zuo dem die drie künige ritten,
45. köstlich erzüget mit irme geschirre,
und oppfertent golt, wirauch und mirre

23. *gold* A. 26. *belge* A. *heiltze* B. 27. *houpt* B. 28. *dantze* A, wie überhaupt stets *tz* nach Conson. 29. *herkant* A. und so stets das Präfix *er*. 30. *dis* B] und A. *heilige* A. 32. *symelbrot* B. 34. *Danckrotzheim* A. 36. *eine* A. 38. *Nun höre* B. *büchelin* B. 39. *offenbar* A. In den Urkunden ist stets *a* geschrieben; indessen wird nach der Aussprache *o* vorzuziehen sein, das auch in AB meist geschrieben ist; *a* findet sich in A nur noch in *jar* 40, *jares* 246, *babst* 52, 162, 235, 301, *damit* 75, *nach* 41, 108, 161, *brahte* 111, 434, *braht* 248, *gnaden* 113, *begnadet* 55, *stat* 346, *stan* 388, *da* 331, 406, 522, *straffbares* 555. 40. *heiligen* B. 41. *nohenander* B. 42. *zwölff* A, wie stets. Ebenso ist *ff* in *crafft* u. s. w. vereinfacht worden. *monotten* B. Ueber 43. *Der Jenner* B. 43. *In dem* B. 44. *künig* A. 46. *wirrauch* A.

dem kindelin uff den zwölftentag.
Erhart din guot gemeren mag.
Darnoch, so kumet aber balde
50. Paulus, der erst einsidel im walde.
Der üebte sin leben in großer venie.
Marzolf, der bobst und Sant Anthenie.
Fabianus und Sebastian.
Agnes. Vincent der selig man.
55. Die alle begnodet sint von gotte.
Und Thimotheus der zwölfbotte
und der cristenheit ein lerer.
Santus Paulus, der bekerer.
Des tages nim war: schint denn die sunne,
60. das betütet vil frucht und alle wunne;
regent es aber oder vellet ein snee,
so swindet die frucht und geschicht ir we;
wo aber ein nebel des tages uffstot,
das bezeichet der lüte und vihes tot:
65. lot sich aber ein scharf wint an,
so muoß man kriege und urlüge han.
Doch mag das kint das alles wol gewenden.
Hiemit wil ich den Jenner enden.

So het Hornig in sime besess
70. Sant Bride, unser frowen lichtmess.
Die oppfert das kindelin in den tempel.
Das was irer klorheit exempel.
Der gereht Simeon forchtsam
das kindelin in sine arme nam
75. und huob domit an und schree:
'Nunc dimittis domine,'

---

47. *kindlin* A, auch 83. 49. *darnuoch* A, und so meist; einmal *nouch* 143. 51. *ebete* B. 52. *Anthonie* B. 55. *got* A. 56. *thymotheus* A, *Timotheus* B. 58. *sanctus* B. 60. *alle* fehlt A 64. *bezeichent* B. 65. *scharpffer* B. *wind* A. Dangkrotzheim selbst schrieb im Auslaute *t*; in A findet sich *d* noch in *sind* 249, *tusend* 276. 66. *urlüg* A. 68 *Hiemitte* B. Uober 69 *Der Hornung* B. 69. *hat hornung* B. *sinem* A. 72. fehlt A. 73. *forthesam* B.

Elsäss. Lit. Denkmäler. I. 6

das alle junge kint süllen leren.
Blasius das kindelin muost ouch eren
und truog ein licht, das schein vom himel.
80. Sante Agatha, die brohte ein simel.
Die edele jungfrowe Sant Dorothee,
die brach die rosen under dem snee
und mahte dem kindelin einen kranz.
Scolastica sprang an den tanz.
85. Der himelfürst Sant Valentin.
Juliana die jungfrowe vin.
Do swang das störkelin sin gevider
und machte sich balde zuo lande herwider.
Sante Peter trumte an die becken,
90. das er die untier wolte erschrecken.
Do kam der zwölfbotte Sant Mathis;
der lit zuo Trier und brach das is,
und ist dishalb des meres see
in tütschen landen kein zwölfbotte me.
95. Darnoch kumpt uns die kraft des Merzen.
Der tuot die pfluege wider uffsterzen
und git uns Sant Adrian
und den durchgelerten man,
Sante Gregorium, den lerer,
100. der heilgen geschrift ein hohen merer.
So sol menglich, wer sü sint,
zuo schuolen setzen ire kint
und pflanzen dann wolsmackende krut.
So kumet die liebe Sant Gertrut,
105. die do entslief in gottes willen
und stolent die ratten und müse ir spillen
und truogent sü in ir müseloch.
Sante Benedict, der ilete noch

---

77. *kinde* B. 78. *das junge k.* B. 81 *Dorathe* B. 85. *fürste* B
88. *har wider* B. 89. *trummete* B. 90. *unthier* B, *undrer* A. 91. *Matthis*
B. Ueber 95 *Der Mertz* B. 96. *Die* A, *wides* B. 99. *Gregorier* B 100.
heiligen AB. *hoher* B. 101. *mengelich* B. 103. *pflantzent* B. 105 *entschleff*
B. 106. *stölent* A, *stulent* B. 107. *trügent* A. *sy* A. In den Urkunden
stets *sü* für alle Genera und Casus; auch in A grösstentheils; bisweilen
aber auch *sie*, 229, 264; *si* 259; *sy* noch 190. 108. *Benediete* B.

mit siner eptigen bengel.
110. Do kam Gabriel, erzengel
und brohte den himelschen gruoß
und viel Marien do zuo fuoß:
'Ave vol gnoden! got mit dir ist,
du euphohest und gebirst Jhesum Crist.'
115. Dast unser frowen cibeltag.
Der heiligen sich der Merz vermag.

Nu hörent von dem Abrelle!
Der ist vorabe des loubes geselle
und ist des veldes ein erlühter
120. und bringet Ambrosium, den biehter
und gar vil würdiger heiligen tage.
Nu merk mich reht, was ich hie sage!
Sin volmonschin nit velen mag,
es bringet uns den Ostertag
125. und die heiligen tage darvor,
also die Karwoch tuot offenbor,
Thibureien und Sant Valerien
und den ritter Sant Jergen,
ein edelen helfer in der not.
130. Sant Marx bitt für den gehen tot,
der evangeliste löbelich.
Nu hör, was ich bescheide dich!
Dem soltu viren uff sinen tag
und tuo zwey eiger in den sack
135. und kese und brot und ouch ein fladen,
ein flesch mit win mag ouch nit geschaden,
so ander kint dort sitzen und zeren,
das du dich ouch mügest dursts erweren:

---

109. *eptien* B. 110. *der e.* B. 113. *genaden der herr m.* B.
115. *Das ist* B. Ueber 117 *Der Apprelle* B. 120. *Ambros/en* B.
122. *nun mercke* B. 125. *tag* A. 126. *karwoche* B. 127. *Tibureien*
B. *sante* B. *ralarien* A. 128. *sante* B. 129. *edeln* B. 130. *sante*
A. 131. *evangelist löbenlich* A. *evangeliste* B (u. s. i.). 132. *höre* B.
133. *virten* A. 134. *saccy* B. 136. *flesche* B. 137. *dört* A *Linde* B.
138. *durstes* A.

aber ir alten minne und etten,
140. ir sullent vasten und sullent betten
und barfuoß mit den crützen gon.
Also hat der Abrell ouch volleton.
 Noch dem kumet uns der werde Meige.
So brütelt jeder swalme sin eige,
145. der rorpfose und der psitacus.
Und kumet Philip und Jacobus
und ist Waltpurg ouch uff der strossen
und sol man die zit oder lossen
und der do wil gen Baden varen,
150. das heilige crütze wils in nit sparen,
als es zuo Ostern funden wart.
Der koufman machet sich uff die fart;
wann es ist jormerkt zuo Hagenowe.
So kromet denn der kinde lertfrowe
155. dem knaben ein tesche, der tochter ein hube
und jedem kinde ein turteltube,
gevesselt an ein sidin borten.
Johans vor der latinschen porten.
Pancratius und dennoch wol drie.
160. Und die jungfrowe Sante Sophie.
Darnoch let sich der sumer an:
den bringet löblich der bobst Urban.
Und gerotet die rebe sich ie bas zieren
und mag darafter nit erfrieren.
165. Des fröwent sich min gesellen, die buoben,
und kument uns retrich unde ruoben
et cetera rintfleisch in das hus.
Petronella füert den Meigen uß.
Brochmonet bewiset ouch sin glücke
170. und machet die jungen geuse flücke

139. *mynnen* B. 142. *het* B Ueber 143 *Der Mey* B. 143.
mey B. 144. *ey* B. 146. *Jocobus* B 149. *geen* B. 153. *wanne* B.
Hagnowe A. 154. *denne* B. 157. *einen* B. *syden* B. 159 *und not wol
drye* A. 160. *Jungfrow* A. 162. *löblich* B. 163. *reb* A. *ie* fehlt A.
166. *kumet* B. *und* A B. 168. *füret* B. Ueber 169 *Der Brochmont* B.
169. *Brochmont* B.

  und antwurtet sü uns an den spiß.
  Der heilig marteler Nicomedis.
  Quirin. Der heilig Erasmus.
  Der bobest Bonifacius.
175. So machet sich dann ouch uff die fart
  der selige man Santus Medehart.
  Ist des tages schöne und schint die sunne,
  dast wines schutz, als quellender brunne;
  regent es aber, so strumet man dran.
180. Sante Primus und 'Felician,
  die ouch begobet sint von gette.
  Und Sant Barnaba, der zwölfbotte.
  Und der heilge herre Sant Vit,
  an dem vil trostes und hoffens lit.
185. Und nimet die sunne den widerker
  und kürzet der tag dann als ie mer.
  Und gerotent sich dienstmegde uffrüsten
  uff Sant Johans den baptisten,
  das ist uff den Singehtag.
190. So kumet die fule, wer sü mag,
  und dinget man die rösche wider.
  Und lit der nachtgallen gesang dernider
  und mag der gouch din nimme gespotten.
  So kument erst die hohen zwölfbotten,
195. Peter Paulus, die zuo Rome rasten.
  Sich, den solrn mit oleimuose vasten.
  Das ist gebotten in disem gelende.
  Und hat Brochmonet hiemit ein ende.

  Julius, zuo tütsche Höwmonet genant,
200. des fröwet man sich durch alle lant

---

172. *marterer* B. 173. *Querin* A. *heilige* B. 175. *den* B. 176. *heilge* B. 177. *schene* A, *schön* B. *schynet* B. 178. *das ist* B; *schütz* B. 182 *sante Barnabe* B. 183. *her sant* A. 185 *sunn* B. *widerkere* A. 188. *sante* B. 189. *Singieht* B. 190 *Es* A. *füde* B. 193. *nym gespotten*. 196. *oleymuß* B. 198. *der br.* B Ueber 199 *Der Höwmonat* B. 199. *höwremonot* B, *howmonet* A (ebenso 224. *howemonat* 203).

und aller menglich sihet in gerne;
dann er bringet uns die erne.
Höwemonet Sant Dieboltz sich vermag
und unser lieben frowen tag,
205. visitatio in latine genant.
Ulrich sinen visch bringet in der hant.
Der hat über die gelider kraft.
Kilian und sin gesellschaft.
Die sübenssleffer und sant Margrede
210. und die jungfrowe Sante Praxede.
Wie die zwölfbotten wurdent gesant
durch die welt in alle lant.
Und der heilge Sant Arbogast,
den suochet man mit kinden vast.
215. Darnoch die ußerwelte schöne,
min frow Sante Maria Magdalene:
der vergap ir sünde selbs got.
Sante Jacobus, der mere zwölfbot.
Desselben tages soltu han
220. Christoferum, den großen man,
der Cristum uff sinre achseln treit.
Wer den ansiht, dem geschiht kein leit,
des tages, so er sin antlit siht.
Also ist Höwmonet ouch ußgericht.

225. Der Ougste, der hat die ahteste stat
und ist ein monat, der do schat.
Vorabe sol niemans barfnoß gon
oder bloskoppfs an die sunne ston;
wann sü fület, was sü begrift,
230. wiewol sü lustlich ußerslüft
und ist ir zit von böser art.
Petrus zuo Rome gevangen wart.

---

201. *mengelich sicht* B. 205. *in* fehlt A. *latin* B. 207. *hant* A. *het* B. *glyder* B. 208. *syne* B. 210. *braxede* B. 213. *heilige* AB. 216. *fraw* A, *frowe* B. 217. *selbes* B. 218. *zwölffbotte* A, *zwölbot* B. 220. *sante Cristoffel* B. 221. *syner* B. Ueber 225 *Der Ougest monet* B. 225. *ougest* B. 227. *nieman* B. 229. *begriffet* B. 230. *rßherschlüffet* B. 231. *ir zit ist* A.

Und wibet man krut den mannen alsdenne.
So südet ein frowe für sich eine henne.
235. Stephan ein bobst und marteler.
Künig Ohswalt weget die winde dorther.
Bobst Sixtus singet mit muwem win.
Laurentius der leit füres pin
und hies sich uff dem roste wenden.
240. Unser frowe ir leben wolte enden
und uff zuo irme kinde varen
und alle cristenheit bewaren.
Thimotheus und Simphorian.
der tuot das füdel früge uffston.
245. Und endet sich des sumers heil
und kumet des jores dirtes teil,
das der herbest ist genant.
Bartholomeus sin hut broht an der hant.
So sint die bretlin gnot vom swin.
250. Und kumet der lerer Sant Augustin,
an den die heilige kirch geloubet.
Sant Johans baptist. der wart enthoubet.
Adolf zuo Strosburg bischof was.
Also brichet der Ougste ouch sin glas.

255. Darnoch get es an den September.
So wesche din schoff und schir din lember
und mege omet, dast kelber fuoter.
Die Öigstin ist die rehte muoter:
wann sü zittiget den win
260. und liset das obes und füeret es in
und seget und tröschet und füllet den sack.
Und bringet uns Sant Gilgentag

233. *dem manne* B. 234. *südet* B. 235. *martelere* A. 236. *Ohß-wall weiget* B. 237. *wine* B 238. *füre* A. *peine* B. 239. *lies* B. *rost* B 240. *wolte vollenden* B. 241. *uff* fehlt A. *irem* B. 243. *Timotheus und Zymphrion* B. 244. *früy* B. 247. *herbsé* A. 249. *bretelin* B. 251 *kirche gloubet* B. 252. *baptiste* B. *der* fehlt A. *enthenbet* A. 253. *Straß-burg* B. 254. *ougst auch glas* A. Ueber 255 *Der September* B. 255. *so get* B. 256. *die — die* A. 257. *meige* AB *daß* A. *das ist* B. 258. *öystin* A. *ist* fehlt B. *recht* A. 260. *füri* A. 261. *say* A B. 262. *sante* B.

und unser lieben frowen zart,
das ist als sü geboren wart.
265. Prothus mit Jacint, sime gesellen,
die tuont das korn in die erde vellen.
Und wirt das heilge crütze erhaben.
So fröwent uch aber, ir lieben knaben
und heissent uch denn meßtag kromen!
270. So gerotet aber hernoher komen
Eufemia und Sant Lamprecht.
Und ist tag und naht denn slecht.
Darnoch, so kumet in kurzer frist
Matheus, zwölfbotte und evangelist.
275. Mauritius nam den undersig:
sechstusent sechs und sechzig
und sechs hundert, die verdurbent
und umb den heiligen glouben sturbent·
alle gar uff einen tag.
280. Sant Wenzelaw groß erbermde pflag.
Der was herzog der statt von Proge.
Sante Michel rihtet uff sin woge
und henket sich der fola nt dran.
doch schaffet er nit, der swarze man;
285. wann sin slecken ist umbsus.
Die Öugstin endet Jheronimus.

Der Herbestmonet ist ein sterne,
den alle fürsten sehent gerne,
ritter und knechte, pfaffen und leien.
290. Ich lobe in für den werden Meigen:
dann er lot uns keinen brost,
er bringet vorabe den edelen most,
des wir durch das jor begeren:

263. liebe B. 265 Jacinet (Jacint B) mit A B. und die A. 267.
heilige B. crutz A. 268. äch B. 269. den A. dan B. 271. sante B. 272. der
tag B. 273. kommet A. 275. Mauricius B. 280. sante A. 281. hert-
zoge B. 282. syne B. 283. daran A. 285 umbsus B. 286. oigestin
B. Ueber 287 Der Herbstmonet B. 289. ritter fehlt A. k. und p. A.
290. ich B] und A. 291. brest A. 292. edlen B. 293. begerent B.

wer er nunt zittig und vergeren,
295. das wir das herze labten mit.
Der Herbest uns Sant Remigien git
und den minsamen Sant Francis:
der was des himelrichs gewis
und fuor dafür uff sime wagen.
300. Dionysien her, das wart erslagen.
Calixtus bobest und marteler.
So kumet dann Sant Aurelie her.
So weschen wir die stuben alle.
So bringet der bihter Sante Galle
305. sin gallestucke in eime körbel getragen:
das süllent ir uwern mueter sagen.
Wann es des meisters schuolrecht ist.
Santus Lucas, der evangelist.
Die eilfftusent megde zuo Kölle am Rin.
310. Severinus und Crispin.
Aller lieben heilgen vorvir.
So ist ein warme stuobe gehür
und zwene socken in die schuo.
Also slüß ich ouch den Herbest zuo.

315. So ist der Wintermonet gehür;
dann trichet man kesten in das für.
ein zuckerschibe, ein regelsbir
und treit dann jedermann herfür
sulmilch, sle, gumpost und was man mag.
320. Und kumet uns aller heiligen tag
und darnoch alle glöibige selen,
die in dem fegefüre quelen

---

294. *nünt* B 295. *labetent* B. 296. *herbste* A. *sante Remyggen*
B. 297. *mynnesamen sante* B. 300. *das* fehlt B. 302. *dann* fehlt A.
303. *weschent* B. 305. *einem* A. *kerbel* A. 306. *sollent* B. *mütern*
B. 308. *sante* B. 309. *meide* B. *Cölle* B. 311. *heiligen rorfüre* B.
313. *schuch* A 314. *slüß* A. *flüsse* B. *herbst* A. Ueber 315 *Der*
Wintermonet B. 315. *gehüre* B. 316. *feüre* B. 317. *bier* A, *byer* B.
318. *driet* A. *herfüer* B. 319. *sulmilich* A, *surmylch* B. *sleche-*
gumpost A. *schleknumpst* B. 321. *glöbige* A, *gloubigen* B. 322. *feg-*
für A B.

und warten uff das gemeine gebet.
Eins ist din minne, eins ist din ett,
325. eins was din frowe, eins was din kint,
so was eins sust din guoter fründ,
din geswüsterde und din zergesellen.
Bit got sins schirmes vor der hellen
und wellest den tag kein almuosen sparen;
330. wann du muost ouch von hinnen varen.
Do rüste dich vorabe uff die vart.
Der bantlöser Sante Lienhart
und der heilige Sante Florenze,
der do den kinden behüetet ir swenze.
335. Darnoch die vier gekrönten vin.
Und der milte Sant Martin,
den man beget uff sine naht
mit wines kraft und maniger traht.
Sante Ottmar und sante Elisabeth,
340. die armen siechen güetlich tet.
Cecilie und der heilge Clement,
die uns das houbet des winters gent.
Und die allerliebste mine,
die würdige küngin Sant Katherine.
345. Und min genanne, Sant Cuonrat.
Der hielt zuo Costenz sinen stot,
darinne er großer heilikeit pflag.
Derselbe gevastete nie kein tag
und trug ein senften, lihten muot,
350. also noch menig frumer Cuonzman tuot.
Dann bringet uns uß dem ecker die swin
Andreas der zwölfbotte vin

323. *wartent* B. 324. *ette* A. 325 *früw* A. 327. *geschwisterde*
B. 329. *wellist* A. *sparn* A. 331. *Da* A. 332. *sant* B. 333. *herre*
F7. B. *florentz* B. 334. *den* fehlt A. *swentz* B. 336. *m. herre s.*
B. 339. *sante* fehlt beidemale A. *Elizabeth* A. 340. *den* B 341. *heilige*
A B. 342 *das h. das des* B. 344. *Sante* A. 345. *mine* A. *genan* B 346.
hielte B. *Constentz* A. *stot* A. 347. *grosse heiligkeit* B. 349. *einen* A.
bihten A. 350. *Als* B *wving* A, *manig* B. *Cuntzeman* B

und antwurtet sü uns heim ins hus.
Domit get wintermonet uß.
355. Hartmonets tage uns jerlich gent
vorabe den heiligen advent,
das ist die zuokunft unsers herren.
Die tage sint alle gebotten zuo eren
mit vasten und mit guoten werken.
360. Sante Barbel mügig ist zuo sterken,
was lütes sich in iren dienst gent,
die sterbent nit ons sacrament.
Darnoch, so sol wir aber eren
sante Niclaus, den bischof und herren:
365. den begont die schüeler lobelich
und ruont sich an und zierent sich
in engelscher wot und lont sich schowen.
Die enpfengnisse unser lieben frowen,
also sü ir muoter Anna enpfing,
370. do sü Joachim umbefing.
Sante Utilie und Sant Lucie.
Und der bewerte zwölfbotte frige,
der an dem glouben zwiflen was,
min herre Didimus Thomas,
375. bitze ers muoste mit den henden tasten.
Dem sol man willicliche vasten
und ouch sin hochgezit löblich viren.
Ich schetze aber doch, das werde sich liren.
Darnoch, so kumet der wihenahtobent,
380. das erberlüte zuo hantgift gobent,
einig latwerige, einig lebekuochen
und beginnent balde herfürher suochen

---

353. *antrietet* A. *heim* fehlt B. *in das* B. 354. *do mitte* B. *get
der wintermonot* B. Ueber 355 *Der Hartmonat* B. 355. *Haartmonots*
B, *Hartmonet* A. *herlich* A. 362. *one das* B. 363. *so* fehlt B. *wir aber
B] man* A. 364. *sante* fehlt A. *Niclaum* A. 367. *lond* A. 371. *sant
Vtilige* B. *sante* B. *Lucia* A. 373 *zwifelich* B. 374. *wie h.* A. 375.
er m. A. 376. *williclich* B. 379. *kumett* A. 380. *gebent* A. 381. *einic
.. einic* A, *einie .. einie* B.

eime ein par hosen, eime zehen guldin,
ders hernoch mag umb in verschulden,
385. also sich das wol gefüegen mag.
Darnoch der heilige wihenahttag.
Der erste marteler Sante Stephan,
der sach den himel offen stan,
und wart versteinet uff der strossen.
390 Sinen tag, den sol man oder lossen,
so es in gnotem zeichen ist.
Johans, zwölfbotte und evangelist.
Darnoch der seligen kindelin tag;
darabe die muoter gottes erschrak
395. und flöhet ir kint in großen nöten,
wann Herodes, der hies töten
alle knebelin, was nit jerig was.
Von Cantelberg bischof Thomas.
Darnoch so kumet die milte Behte,
400. die noch hat gar ein groß geslehte.
Die stiess zwene broten an ein spiß
und briet und machte einen guoten friß
und geriet in uff die absel fassen
und ging mitte behten after der gassen
405. und truog do uff one alles duren
und luot ir guoten nachgeburen
und ir brüeder und ir swester.
Do kam der heilige bobest Silvester
und broht eine brotwurst in der hende:
410. mit dem, so nimet das jor ein ende:
und kumet ein ingende guot selig jor.
das hebt vornen an glich eben als vor.

---

383. *eim* A. 384. *Der es rmbe yn m. r.* B. 385. *Als* B. 387.
ertze A. *steffan* B. 390. *uff s. t. sol* B. 391. *guten* B. 395. *kindelin*
A. 397. *kneblin* B. 400. *nach* A. *het* B. *gslehte* A. 401. *stick* A. *an*
den sp A. 402. *briete* A B. 404. *ginge* A. *mit* B. *bethen* B. *den* A.
406. *da* A. *on* A. *truren* B. 408. *heilige* fehlt B. 409. *brochte* B.
411. *kummet* A B. *ingonde* B. *guot* fehlt B. 412. *hebe* A. *vorn* B. *eben*
fehlt B. *also* B.

So vindestu uff das kurzest geret.
was heiligen jeder monet het.

415. Xu rüste dich noch ein wile zuo bliben
und sitze; du muost das usgen schriben,
das ich verspende jores ins hus.
Item zuom ersten gap ich uß
zwölf guldin umb ein fuoder wins.
420. — Das was gestendig gar ein vins —
und ein unze wuchelich umb brot
— Das muoß man han von barer not —
und ein schilling umb karrich wecken,
one das wir bruchent uß den secken.
425. Item ein broten durch ein swin
und umb rintfleisch — das dingete ich drin,
das sol man mir noch imbisse wigen. —
Und umb zwene karpen und ein sligen.
Es vergesse mir liht ein pfenning umb besen
430. und umb ein hechten und ein bresem
und umb ein kluogen, großen olen,
den muoß ich dun am wasser holen.
Dem gesinde umb kressen und umb nasen.
Und eim geburen, der brohte ein hasen.
435. Do mache ein ickis für ein u.
Ein rückgrot durch ein wilde su
und umb die brust und umb die hammen,
so schrib mir achthalben schilling zusammen.
Und umb vier hennen und umb ein han,
440. do mache one einen drissig an.
Süben und zwenzig umb ein trappen
und zwo unze umb vier kappen.

---

413. *kürtzeste* B. 414. *monat* B. Nach 414 *Hie enden sich die zwölff monet* B. 416. *ußgeben* B. 417. *ich* fehlt A. 419. *rmbe* B. 422. *muoß* fehlt A. 423. *umbe* B *kan ich wecken* B. 426. *dinget* B. 427. *sol* AB. *nach imbse* B. 428. *rmbe* B. *karppen* A *en* A. 429. *I. ß* A. 430. *rmbe* B. *hechden* A. 431. *umbe* B *einen* A B. 432. *tun* B. 433. *rmbe* B beide mal. *nahen* A. 434. *ein g.* A *broht* B. 435. *r A.ʒ für ein r* B 436. *sur* B. 438. *das sch. m [iiij ß z.* A 439. *und ein* B 440. *on* B.

Sechs gense schrib an — die wellent wir mesten.
Und umb einen halben sester kesten!
445. Item umb dri par junger tuben
und den kinden für zwo huben!
Jo fünf schilling nam din lieber ette;
die verspilte er nehten im brette.
So getar er wol ein pfunt verwalen.
450. Wer wil es aber hündennoch bezalen?
Item und ein pfunt der ammen
und dri pfenning umb ein korp vol swammen;
zwölf guldin umb ein schöne feder
und vierzehn pfenninge umb limbelleder.
455. Item sechs pfenning umb ein strel
und dritenhalben umb habermel.
Wo salz, wo smalz, wo würze, wo pint?
Und swindet das gelt reht als der wint.
Do dem kremer, do dem gewender,
460. dort dem rebman, hie dem bender,
do dem weber, do dem ferwer,
dort dem schuoster, hie dem gerwer,
do dem scherer, hie dem beder.
Do heischet der trösch, do gip dem meder,
465. dem tagewoner und jederman.
Einig gibe ich korn, zuo ernen dran,
dem andern gelt, dem dirten speck
und get das ding enzeling enweg.
Do umb wellen, do umb pfrimen,
470. hie oppfergelt, do messe vrümen,
do zuo kinttouf, do zuo brüten,
hie zuo hoff, dort varenden lüten.

443. *Sehs* B. *wöllen* B. 445. *iij* A 447. *die* A. 448. *verspielt* A. *in dem* B *brehtte* A. 449. *I lib.* A. 450. *will, hindennach* B. 451. *ij. lib.* A. 452. *iij. ß* A. 453. *sehen* A. *rehe fater* B. 454. *pfennige* A. 455. *sechß* B. *VI ß* A. 456. *dritenhalben umbe* B. 457. *wirze* A. *spint* B. 458. *verschwindet* B. *also* A. 460. *dört* A *hebeman* B. 464. *trösche* B. 465. *tagelomer* B. 466. *Einie* A, *Eime* B. 467. *anderen* A. *driten* B. 468. *eintzelingen* B. 470. *frymen* A. *frymmen* B. 471. *kintdöff* A, *küntdöiff* B. 472. *hofe dort zu r. l.* B.

Do kouffe den hengst, do beslach das pfert,
do vege den harnsch, do vege das swert.
475. do kouffe den stier, hie kouffe das swin,
und was ich habe, das ist nit min,
dann das ichs gibe erbern lüten.
Und ist min seckel von affenhüten
und wil kein barschaft dinne beliben.
480. Do lo mich schriben und widerschriben.
So muoß ich sin mins guots ein güder.
Do heischet der goldsmid, do der snider.
Uß der buoche kan ich nit kummen.
Mache mirs an zuo einer summen
485. und schrib summa summarum der
und lange die rechenpfenninge her!
Lo geschen! Was tuot es ein jor?
Doch gevellet mir bas, wir zeren vor;
dann mir ist noch gar vil vergessen;
490. wer kan es aber also genowe messen?
Do trag uff den lichten tag,
die wile es die gülte erzügen mag;
Dieselbe loß mit dem seckel kriegen.
Wil dich aber die gülte triegen
495. und got dir an den zinsen abe,
so gedenk für dich, min lieber knabe
und gip din guot uß miltielich,
wo es zuo eren triffet sich
und spare sust, do man sparen sol.
500. Wilt nu, so prüefest es wol.
Dann wann ein man das sine vertuot,
so endet sich sin friger muot
und hebet sich gar ein wildes gedenken,
so er sloffet nahts uff herten benken,

---

473 *kouff* B. *hengest* B *dort* A. 474. *harnesch* B. 475. *kouff* B.
477. *das* fehlt B. *gib* A. 479. *will* A. *bliben* B. 480. *loß* B. *gutes* A.
482. *goldschmid* A, *goltschmigt* B 483. *büeche* A. 486. *rechenpfennig*
A. 487 *geschen* A. 488. *bas* A. *zerent* B. 490. *gemessen* B. 493. *los*
A. 495. *gut* A. 498. *zun* B 500. *Wiltu nu so prüffestu* B. 502.
andert B. 503. *wytes* B. *gedenken* A.

505. und wem er vor was lieb und wert,
der lühe im nit ein ackerpfert.
Und ist versmehet sinen nehsten fründen
und stecket noch gar vil arges darhünden.
Ich klaffe zuo vil; ich wil uffhören.
510. Liebes kint mins, du solt vast leren
und solt din herz zuo gotte keren
und allzit vatter und muoter eren,
so wirt din selde und ere sich meren
und mag kein unheil dich verseren
515. oder kein geschider man vertören
und issest den husen mit dem stören
und pfiffent dir die orgelrören
in des hohen himels speren.
Nu bitten wir Jhesum Crist, den heren,
520. das er alle ding zuom besten wende
und uns sin gnode und friden sende.
Und hat das buoch domit ein ende,
das geben wart von milder hende,
do man zalt tusent vor,
525. vier hundert fünf und drissig jor
uff unser frowen elibeltag.
Nu stoß din büechelin in den sack:
Est dolme zit. Wolan, mach dich heim!
So bekumet dir Cuonrat Dangkrotzheim.
530. Und so du kumest für sin tür,
so wüschet das guldin rössel herfür
und springet kecklich heruß für den stal
und wihert und machet ein groß geschal.
Do mitte heisset es dich wilkum sin.
535. Und sitze druff und howe drin

---

506. *ime* A. 508. *nach* A *derhinder* A. 510. *solterast* A. 511.
got A. 512. *alle zyt* B. 517. *die die* A. 519. *herren* B. 520. *beste* B.
521. *genad* B. 522. *hant* A. *dis b.* B. *damit* A. 527. *buchlin* B. *sag*
A B. 528. *Es ist* B. 529 *becumet* A. *conrad danckrotzheim* B. 530.
kummest A. *türe* A 531. *ressel* A 532 *keckelich* B. 533. *wihent* B.
geschall A 535. *So* B. *s. dann dr.* B.

und wirf den arm uff, Jussa, Jo!
so rittestu heim, als wer got do,
und wirt din vatter und muoter fro
und setzent dich oben an den tisch.
540. Do vindestu wiltpret unde visch,
galreigen, pfeffer, fladen, struben,
dine vasenthenne, dine turteltuben,
din gebrotenes und dine vine sossen
und lutertrankes achtzehn mossen,
545. din malmasie, dinen welschen win.
Und lebe nunt wol und gedenk ouch min!
Ich wil hie enden alle ding
mit den namen, als ich anefing,
die vornen im buoch geschriben sint,
550. das ist Jhesus, Marien kint,
das von dem vatter wart gesant.
Alle lieben heiligen vorgenant
und des heiligen geistes flamen
schirment uns vor allem übel! Amen.
555. Und wer üt stroffbares vindet heran,
der stroffs, der bewiset mir früntschaft dran.

536. *würff* B. 537. *also* B. *get* B. 510. *wilpret* B. *u. ein r.* A.
543. *dine* A. 544. *luter dranckel aetzehen* A. 545. *dine welschen* A.
546. *mant* B. 548. *anfing* B. 549. *vorne* B. *buche* B. 551. *wart* fehlt
A. 553. *flammen* B. 555. *heran* A. 556. *stroffes* B. Nach 556 *getruckt
zů Strußburg* B.

ANMERKUNGEN.

6 und 7. Man hat wohl nicht nöthig, hier die alterthümliche Form des ἀπὸ κοινοῦ anzunehmen, indem man *habe ich dis büechelin* sowohl zum voraufgehenden *angefangen*, wie zu *betraht* zieht. Einfacher ist es, die Worte *in des namen angefangen* als Attribut zu *büechelin* zu fassen. Nichts Auffallendes würde die Construktion haben, wenn diese Worte hinter *büechelin* ständen, *dis büechelin, in (Jesu) namen angefangen, habe ich betraht*.

9. *leren*, lernen, auch 77 und sonst in Elsäss. Denkmälern; so z. B in einem in Stöber's Alsatia 1858, 128 abgedruckten Liede von 1592

    Solt man drumb nicht gewinnen
    Moltzheim das stüttelein,
    Das ich nicht glert hab spinnen
    Ein dautmehr ist und schein.

In V. 9 haben wir wohl nur 3 Hebungen anzunehmen, im entsprechenden 10. dagegen 4. Von den 86 klingenden Reimparen des Namenbuchs hat nur ein vollständiges, V. 35 und 36, 3, alle andern haben 4 Hebungen.

15. *dann*, denn, weil, ohne Inversion des Subjekts auch 202 291, 489. In derselben Bedeutung gebraucht der Dichter auch *wann*, mit gerader Wortfolge 153, 229. 259. 285, 330. 396, mit Inversion 307.

16. Durch *und* wird ein neuer Satz angeknüpft, in dem dann Inversion des Subjekts stattfindet, auch 34. 93, 106, 146–148, 163. 166, 185, 186, 187, 191, 192, 193, 198, 231, 233, 245, 253. 267. 272, 283, 318. 320, 329, 411, 468, 478, 479, 503, 568, 514. 522 538.

17. Die Form *bredigerstuol* findet sich sonst nicht; die gebräuchliche ist *bredigestuol*. Als nach Analogie von *meisterstuol, rihterstuol* gebildet, wird die Form trotzdem wohl aufrecht zu erhalten sein.

23. *mit golde beslagen*, mit Gold besetzt. So auch in Rulands Handlungsbuch S. 1 *item 4 gulden für die fardel zu beslahen*.

25. *berlehte löcke* ist wohl identisch mit unserm Berlocke.

26. *flockenbelge*, mit Flocken besetztes Pelzwerk. *Flocken* sind Flocken an Schleier und Putz der Frauen. *Ein Netz von bunten Schnüren, Flocken und Quasten*. Goethe 21, 26.

bourelröcke, baumwollene Röcke.

31—34. Der Beginn dieser 4 aufeinanderfolgenden Verse mit *und* ist kein zufälliger. Unser Dichter liebt es, Sätze und Satztheile, besonders Verse und Halbverse mehrmals hintereinander mit demselben Wort zu beginnen. Besonders oft findet sich in dieser Weise wiederholt die Kopula *und*; 2mal am Anfang aufeinanderfolgender Verse 106, 107; 111. 112; 134, 135; 163, 164; 170, 171; 182, 183; 241, 242; 245, 246; 277, 278; 320, 321; 430, 431; 478, 479; 485, 486; 507. 508; 511, 512; 516, 517; 521, 522; 532. 533; 535, 536; 538, 539; 3mal 119 —121; 185—187; 191—193; 4mal 146—149; 6mal 402—407; 4mal am Anfang und 3mal im Innern der Verse 260—263. Ebenso beginnen drei aufeinanderfolgende Verse mit *so* 302—304, mit *do* 473 —475. Zu Beginn mehrerer Halbverse ist dasselbe Wort wiederholt 324, 325; 542, 543. Vgl. ferner V. 457 und 459—464.

32. *milroum*. Die gewöhnliche Form ist *wilchroum*; aber noch heute nennt man in Strassburg eine Art von Milchrahm und feinem Mehl bereiteten Backwerks *millerumskiechle* (Stöber in Frommann, deutsche Mundarten IV, 474). Deshalb wird die Form *milroum* beizubehalten sein.

37. *eins fulen eiges wert sin*, gar nichts werth sein. Schon *ei* allein dient zur Bezeichnung von etwas ganz Werthlosem; *ein löbliche persone* würde sich der Dichter also ironisch nennen. „Der Vers ist ein altes Volkssprichwort, das Konrad scherzweise auf sich selbst anwendet; jetzt würden wir sagen: Ist wohl einer rothen Bohne werth". Stöber a. a. O. Aehnlich im Altfranzösischen *je n'es pris pas trestous une pume pourie*. Alexanderoman 130, 4.

43. Christi Beschneidungsfest, Circumcisio Domini, 1. Januar.

45. *köstlich erzüget*, herrlich ausgerüstet. So ist das Wort auch gebraucht im diplom. Habsburg. 220. *wol erzügt mit pfärden und harnasch*.

47. *den zwölften tag*; von Weihnachten, der Geburt Christi, an.

48. Erhard, Bischof von Regensburg, verehrt am 8. Januar.

49. Durch *darnoch*, so knüpft der Dichter neue Sätze an auch 273, 363, 379. 399, durch *darnoch* allein 95, 255. Beim Anfügen von Namen ohne Prädikat braucht er *darnoch* 215, 335, 386, 393.

50. Paulus, *der erst einsidel*, verehrt am 10. Januar.

52. Marzolf, Marcellus, 16. Januar. Die Form Marzolf ist eine echte Elsässische. Als Eigenname kommt sie noch heute im Elsass, ausserdem nur noch in wenigen andern Gegenden des Oberrheins vor. Vgl. Mones Anz. 1836, Sp. 61.

Derartiges einfaches Nebeneinanderstellen von Heiligennamen, mit Hinzufügung zuweilen eines Epithetons, aber ohne Prädikat, wie wir es hier antreffen, ist im Namenbuch sehr häufig und zwar ist die Anfügung an das Voraufgehende, wie der Namen untereinander, wenn diese nicht eng zusammengehören, das heisst Namen eines an demselben Tage verehrten Heiligenpares sind, meist, wie hier, eine asyndetische; so 53, 54, 85, 86, 172, 173, 174, 208, 209, 218, 235, 301, 308, 309, 310,

311, 339, 341, 371, 398. Eine Erklärung dieser Erscheinung ist in der Einleitung S 15 gegeben.
Zu vergleichen ist die asyndetische Aneinanderreihung von Sätzen, worüber zu V. 80.

Antonius, 17. Januar.
53. Fabianus und Sebastian, 20. Januar.
54 Agnes, 21. Januar. Vincentius, 22. Januar.
55 *begnoden*, begnadigen. Königshof. Chron. 247, 12; 389, 31.
56. Timotheus, 24. Januar.
58. Der Tag, der 25. Januar, heisst sonst stets Pauli Bekehrung, Conversio Pauli. Hat unser Dichter des Reimes wegen aus *der bekerte* ein *bekerer* gemacht oder hat *bekerer* die Bedeutung bekehrt?
60. *wunne*, Graswuchs. Beliebt ist die Verbindung *wunne* und *weide*.
64. *bezeichen*, bedeuten; so auch Königshofen 385, 15 *es muos etwas bezeichen, das dis kint das ignote geborn ist, sich kan behelfen.*
lüte und *vih*. Diese Verbindung auch bei Closener 51, 24 *und verherjete daz gantze welsche lant an gnote, an lüten und an vihe.*
66 *urlüge* ist nicht ganz identisch mit Krieg. Bei Ciosener 144, 3 ist *urlügen* rauben und plündern.

Der Glaube, dass nach der Witterung am Paulstage sich Witterungsregeln für das ganze Jahr aufstellen lassen, ist ein weit verbreiteter. Fast genau dieselben Regeln erthalten die bekannten lateinischen Verse:

Clara dies Pauli bona tempora denotat Anni,
Si fuerint Venti, designant proelia Genti,
Si fuerint Nebulae, pereunt animalia quaeque,
Si Nix, si Pluria, designant tempora cara.

67. Dreisilbiger Auftakt: sonst nur noch 248.
69. *Hornig.* Die üblichere Form ist *hornung.* Ueber die Ausstossung des *n* vgl. Weinhold, die deutschen Monatsnamen S. 45.
70. *Bride*, Brigitta, 1. Februar.
Lichtmess, 2. Februar.
73 Simeon ist hier nicht als Kalendenheiliger aufgezählt, sondern als bei der Opferung mit thätig. Vgl. Lucas 2, 25 ff.
75. *und* ist wohl zur Ausfüllung der Senkung als *unde* zu lesen; ebenso 166. 540.
78. Blasius, 3. Februar.
80. Agatha, 5. Februar; *die brohte ein simel;* nach der Legende wehrte sie öfters Hungersnoth ab.

Die asyndetische Anfügung von Sätzen ist im Namenbuch sehr beliebt. Wir finden sie noch 84. 108, 180. 206. 232, 236, 237, 238, 240. 243, 248, 252. 253, 258, 265, 275. 280, 282, 300.
Nicht minder beliebt ist die Wiederaufnahme eines Substantivs durch ein unmittelbar daraufolgendes Demonstrativum, wie hier durch *die.*

Diese Redeweise findet sich noch 82, 108, 238, 244, 252, 396 Einmal steht das *sub-r.* im Nominativ, das Demonstrativum dagegen im Casus obliquus 213 *und der heilge Sant Arbogast, den suochet man mit kinden rast.* Auch das Substant. steht im Casus obliquus 390 *sinen tag, den sol man oder lossen* Hierher gehört auch die Wiederaufnahme eines *darnoch* durch *so* (Vgl. zu V. 49) und die eines Casus obliquus vom Demonstrativpron. ebenfalls durch *so* 410 *mit dem, so nimet das jor ein ende.*

81. Dorothea, 6. Februar.

82. Die Legende, auf die sich dieser Vers bezieht, lautet gewöhnlich so: Als Dorothea zur Winterszeit zum Tod geführt wurde, trat der Statthalter Theophilus mit der spöttischen Frage an sie heran, ob sie ihm nicht einige Aepfel und Rosen senden wolle. Dorothea versprach es. Auf ihr Gebet zu Gott brachte ihr ein Engel ein Körbchen mit Aepfeln und Rosen, das sie dem Theophilus übergab. Dieses Wunder bewirkte die Bekehrung des Theophilus (Vgl. Diemer, kleine Beiträge zur ältern deutschen Sprache II, 6 und 7; die Dorotheenlegende in der Donauesch. Handschr. Nr. 117). Vielleicht existierte eine andere Version, nach der Dorothee die Rosen selbst brach.

84. Scholastica. 10. Februar.

85. Valentin, 14. Februar. *himelfürst*, Heiliger, auch von andern Heiligen gebraucht, vgl. Grimms Wörterb. IV, 1345.

86. Juliana. 16. Februar.

87. *do*, temporal = da, steht im Namenbuch nur in Verbindung mit dem Präteritum; so noch 91, 110, 408. (Andre Bedeutung hat es 440 beim Imperativ) Beim Präsens dagegen steht entweder *so* oder *dann, denn* vgl. zu V. 101.

Die beiden Verse deuten den Anfang des Frühjahrs an, vgl. zu V. 161.

89. Petri Stuhlfeier, 22. Februar.

90. Die Form *undrer* der Handschr. für Geister der Unterwelt, finstre Dämonen, kommt sonst nicht vor und ist deshalb wohl *untier* aus dem Drucke vorzuziehn.

Ueber das Vertreiben der bösen Dämonen an diesem Tage vgl. York, Festkalender 171 ff.

Dass der Klang des reinen Erzes von der Macht der finstern Dämone entzaubere, war schon im Alterthum ein verbreiteter Glaube. So heisst es bei Tibull I, 8. 19—22:

Cantus vicinis fruges traducit ab agris,
Cantus et iratae detinet anguis iter,
Cantus et e curru Lunam deducere tentat
Et faceret, si non aera repulsa sonent.

90 u 91. Matthias, 24. Februar. *der lit zu Trier.* Vgl. Herm v. Fritzlar, der heiligen lebine. 95 Danach wurde der Leichnam des in einem Orte Samarias erschlagenen Matthias nach Rom, von da durch Helena, die Mutter von Constantinus, nach Trier, ihrem Geburtsorte

geschafft. *Dò furte si in gên Trive mit vil heiltumes und mit grózen êren, wan sancte Helena wart zu Trive geboren. Und dò lit dirre apostele in tütschem lande und dikeiner mêre.*
und bruch das is. Ein in Süddeutschland weit verbreiteter Reim, der auch im Strassburger Kalender von 1878 zu lesen ist, lautet: *Mattheis bricht's Eis; hat er keins, so macht er eins.*

93. *des meres see*, eine auffallende Verbindung.

95. *kraft des Merzen*, wie 338 *wines kraft*, eine vielleicht dem griechischen und lateinischen nachgeahmte Umschreibung, die bei mittelhochd. Dichtern sich nicht selten findet. In Grimms Wörterbuch V, 1942 ist nur ein unsicheres Beispiel zum Beweis dafür angeführt, dass sich diese Redeweise ins 14. und 15. Jahrh. fortgesetzt hat. Unsre Stellen bieten einen sicheren Beweis hierfür. Eine ähnliche Umschreibung durch *heil* V. 245 *des sumers heil*.

96. *die pflüege wider uffsterzen.* Ein alter, in mehreren ältern Kalendarien, auch als Ueberschrift des März in dem Einl. S. 66 ff. besprochenen Cysianus sich findender Spruch lautet:

> Ich bin gcheissen *Mertze*,
> die pflügg wil ich uffstertzen.

97. Adrian, 4. März.

99. Gregorius, 12. März.

101. *so*, in temporalem Sinne = *jetzt, dann*, im Namenbuch sehr häufig und zwar stets mit dem Präsens verbunden: so allein 104, 144, 154, 175, 190, 194, 234, 249, 256, 268, 270, 303, 304, 315, 529, mit *darnoch* 49, 273, 363, 379, 399; *mit dem, so* 410. Ausser *so* steht beim Präsens einige Mal *dann* oder *denn*, 185, 316, 351, *so — dann* 175, 302. Für die Vergangenheit braucht der Dichter nur *do*, vgl. zu 87.

102. Vgl. Lasicz, Haupts Zeitschr. I, 144 *Alii vero Gregorium quasi Mercurium colunt ac huius die festo primum suos natos in scholam mittunt.*

104. Gertrud, 17. März. Ueber ihren Namen und ihr Wesen vgl. Simrock, Handbuch der deutschen Mythologie 373 und 374. Sie wird abgebildet mit einer Maus an Stab und Rocken, die den Faden vom Rocken abbeisst. Dies, wie an unsrer Stelle das Stehlen des Rockens durch die Mäuse, deutet an, dass mit dem Tage ihres Festes nicht mehr gesponnen wird, indem nun die Arbeit ausser dem Hause beginnt, wie es der Spruch *Gertraut lauft die maus go Feld aus* (Quitzmann 124) besagt.

108. Benedict, 21. März.

110. Gabriel, 24. März.

115. Clibeltag, Fest Mariä Verkündigung 25. März. Ueber die Ableitung des Worts vgl. Grimm, Wörterb. V, 1066, Scheffer-Haltaus, Jahrzeitbuch der Deutschen 96.

116. *sich vermügen*, besitzen, auch 203.

118. *rorabe*, ist wohl ein elsässisches Wort; Lexer kennt es nur aus einer Stelle, Grimms Weisth. 1, 730 *es sig dan rorabe mit in*

uberkommen umb versessene zinsen, wo es = *vorher, im voraus* ist: im Namenbuch hat es nur einmal diese Bedeutung, 331; sonst heisst es: *zunächst, besonders*. Es scheint ein Lieblingswort Dangkrotzheims gewesen zu sein: in unserm Gedicht gebraucht er es 5 mal, 227, 292, 331, 356. Nach Stöber a. a. O ist es noch jetzt im Sundgau gebräuchlich.

120. Ambrosius, Bischof von Mailand. 4. April.

123 u. 124. Sein Vollmondschein verfehlt nicht uns den Ostertag zu bringen vgl. Closener 17, 8 (Viktor von Afrika) *der satte, daz man noch dem rollen monen des abvallenschines an dem nehesten sunnentag den ostertag solte began*.

es = sin rolmonschin; schin wäre also als Neutrum gebraucht; sonst ist es stets Masculinum; oder haben wir vielleicht einen Schreibfehler anzunehmen und *es* in *er* zu verändern?

125 und 126. „die heiligen Tage vorher, wie sie die Charwoche zeigt."

127. Tiburcius und Valerian. 14. April.

128. Georg, 23. April.

Die Accusative *Thiburcien, Valerien, Jergen* sind grammatisch abhängig von *es bringet;* der Dichter hatte wohl vergessen, dass er vom *rolmonschin* spreche, nicht aber vom April: denn dieser, nicht der Vollmondschein, bringt diese Festtage.

130. *Marx,* Marcus, 25. April. *Marcus mortem repentinam arertit* (Lasicz): vgl. Clos. 20. 31 (Greogorius) *der satte uf den krutzegang an sancte Markes tag für den gehen dot*. Vgl. Anm. hierzu.

133. IIs. *rirten*, was man deuten könnte als *irten*, zehren. *irte* ist Wirtsrechnung, Zeche (vgl. Schmeller, bair. Wörterb. I, 152), dann Mahlzeit, so Cod. Germ. Monac. 311 f. 36ᵃ *irten an dem morgen, an dem anbyß, des Obentz und des Nachts und das schloffdrüncklen*. In einem Elsäss Gedicht von 1592 (Stöbers Alsatia 1858, 107) heisst es *irten: ob er schon etwan borget ein irten, zwo und drey*. In der Schweiz ist das Wort noch heute gebräuchlich. Ein Verbum *ürten* oder *irten* dagegen lässt sich in keinem Wörterbuche finden. Daher ist wohl das *riren* des Druckes vorzuziehn.

136. *flesche,* Elsäss. Form für *flasche*, wie *tesche* 155. *wesche* 256, 303. Diese Formen *flesch, teschen* finden sich auch in einer Elsäss. Urk. von 1530, Inventarium der fahrenden habe auf Schloss Hohenkönigsburg (stöbers Alsatia 1858, 326 und 329.)

139. *minne,* auch 324 = Mutter: der Kindersprache entnommen; ebenso wie *ette,* Vater. „Beide Ausdrücke gebraucht auch Geiler; er sagt jedoch, es zieme sich nicht, dass die Kinder ihre Eltern also benennen (Postille)" Stöber.

142. *rolletuon,* vollenden. Das Partic. *rolleton* auch Wackernagel ad. Pred. VI, 50 *unde rolletaniu bilde;* XI, 28 *rolletane bilde.* An unsrer Stelle hat *rolleton* wohl die Bedeutung ein Ende nehmen.

144. *brüteln,* noch im heutigen Elsäss. = brüten.

145. *rorpfose*. Man weiss nicht, welcher Vogel gemeint ist. Lexer denkt an den Storch,
psitacus; Papagey, vgl. Dieffenbach Gloss. med. et inf. act. S. 470 und Konrad von Megenberg Buch der Natur 221, 28, wo er auch *sitich* heisst. *Psitacus haizt ain sitich, daz ist ain vogel in Inden lant, sam Jacobus und Solinus sprechent, und ist grüener varb, aber sein halskraiz ist rôtrar und vil nâhent goltvar.*
146 und 147. Philipp und Jacobus 1. Mai. Walpurgis fällt in einigen Gegenden mit jenen beiden zusammen auf den 1. Mai: so auch im Elsass, vgl. Els. Kop. Kal. und Closener. *Sant Philipp und St. Jacobstag oder Sant Walpurgtag — das ist alles ein Tag.*
149. *gen baden raren*. Im Mittelalter war die Sitte, im Sommer Bäder zu besuchen, weit verbreiteter, als heutzutage; besonders im Mai. Hier denkt Dangkr. vielleicht an ein bestimmtes Bad, Baden-Baden, das sowohl das zunächst gelegene, wie das besuchteste Schwarzwaldbad war. Vielleicht ist deshalb *Baden* zu schreiben.
150. *sp.ren iem. etwas*, wahrscheinlich = erlassen. *etwas sparen* heisst sonst etwas aufschieben. So in einem Brief eines Elsäss. Adeligen aus dem 15. Jh. (Alsatia 1854 S. 131): *wir fürschent uns aber, du werdest es sparen, untz die heilig zit furkumet.*
153. *wann*, vgl. zu 15.
155. *tesche*, wie 136 *flesche. desche* Königshofen 430, 2.
158. *Johannes ante portam latinam*, 6. Mai.
159. Pancratius, 12. Mai. *und dennoch wol drie:* die drei folgenden Tage.
160. Sophie, 15. Mai.
161 u. 162. Urban, 25. Mai. Der St. Urbanstag gilt neben dem des St. Nicolaus, Medardus und Barnabas als Weinzeichen. „Unsern Elsässischen Rebleuten heisst er ein Weinheld und wenn der ihm geltende Spruch:
 Hat Urbanstag schön Sonnenschein,
 gibt es viel und guten Wein.
eintrifft, so sind sie beinahe standeshalber verpflichtet, sich dem Heiligen zu Ehren ein Räuschchen anzutrinken. (Stöber in Fromm. Mundarten VI, 8).
Ueber die Festlichkeiten an St. Urbanstag in Weingegenden vgl. Anz. f. K. d. d. V. 1855, 174. Nork 365. Flemming, vollkommener deutscher Jäger III, 230 ff.

Die Anfänge der Jahreszeiten, wie sie im Namenbuch angegeben werden, sind die im Mittelalter allgemein angenommenen, also der des Sommers an Urbanstag, 25. Mai, des Herbstes an Bartholomäus, 24. Aug., vgl. V. 245.—47, des Winters an St. Clemens, 23. Nov., vgl. V. 342. Der Frühlingsanfang au St. Peterstag, 22. Febr., wird bei uns wohl angedeutet durch die Verse 87 u. 88. *do swang das störkelin sin gerider und mahte sich balde zuo lande herwider.*
Zu vergleichen sind die Verse im Kalender von Luthers Betbüchlein (1542).

S. Clemen uns den winter bringt,
S. Peter Stul den Lentz herbringt,
Den Sommer bringt S. Urban,
Der Herbst facht mit Bartholmei an.

163. *geroten*, beginnen, Lieblingswort von Dangkrotzheim, mit sich auch 187, einfach *geroten* 270, 403. Auch bei Closener und Königshofen öfters.

168. Petronella, 31. Mai.

169. *Brochmonet*, Brachmond, gemeindeutscher Name des Juni. Vgl. Weinhold, deutsche Monatsnamen S. 8.

171. *antwurten*, auch 353 = übergeben; so auch Closener 66, 2; Beil. z. Strassb. Chron. 990, 22, 32; *entwürten* Closener 86, 4, Königsh. 333, 20; 417, 26.

172. Nicomedes, 1. Juni.

173. Quirin, 4. Juni. Erasmus, 2. Juni. Eine Umstellung hat der Dichter wohl nur des Reimes wegen eintreten lassen.

174. Bonifacius, 5. Juni.

176. Medardus, 8. Juni, ein Weinheiliger; vgl. zu V. 161.

178. *schutz* = Schuss, wie Königsh. 916, 26 *die* (Schützen *soltent zuo beden siten in die Franzosen schiessen, ir ieglicher nüt me denne drige schütze*. Der Sinn der Verse ist also: „Ist es des Tags schön und scheint die Sonne, so schiesst der Wein heraus, wie ein quellender Brunnen."

179. Wenns am St. Medardustag regnet, so regnet es 40 Tage und 40 Nächte in einem fort. Die Sündfluth soll nämlich an diesem Tage ihren Anfang genommen haben. (Alsatia 1852, 140).

strumen findet sich noch bei Altswert 77, 18 *von welher riht ich wer komen, daran begund ich strommen*, in der Mörin 5764 *in strumens weis* und wie bei uns mit dem Gen. verbunden Altswert 67, 18 *Min trost des soltu nit strumen*. In der Bedeutung verzweifeln, die es an diesen Stellen doch nur haben kann, ist es wohl auch hier zu nehmen. „Regnet es aber, so verzweifelt man drau" (am Wein, günstigen Ausfall der Weinerndte).

Im Westerwald ist *strumen* nach Schmidt, Westerwäld. Idiotikum = sich beengt fühlen; im Holländischen lautet das Wort *stremmen* = hemmen.

180. Primus und Felician, 9. Juni.

181. *begoben*, ausstatten. Königshofen 414, 19. Vielleicht ist zu lesen *begnodet*, wie V. 55.

182. Barnabas, 11. Juni.

183. Veit, 15. Juni.

184. Dieser Vers bezieht sich darauf, dass Veit Schutzpatron der mit Veitstanz, der fallenden Sucht Behafteten ist. Dieser Veitstanz hatte ja nicht gar lange vorher, in den Jahren 1417 und 1418, im Elsass, besonders in Strassburg, gewüthet und war gewiss noch in Aller Gedächtniss. Vgl. Einl. S. 8.

· 185. *kürzen*, kürzer werden, nicht, wie sonst = kürzer machen.
188. Johannes der Täufer, 24. Juni.
189. *Sungehtag*, der Tag der Sommersonnenwende, auch *Sungichten*, *Sungiten*, *Sungehten*, *Sunigehtag*. Bei Closener und Königshofen *sungiht*, *sünegiht*, *sünigiht*. Vgl. Scheffer-Haltaus, Jahrzeitb. S. 54.
190 und 191. Stöber a. a. O fasst *kumen* = überkommen, nehmen, in welchem Sinne es indessen nicht vorkommt. Wir werden deshalb die Verse übersetzen: „Es kommt die faule (Magd), wenn sie Jemand mag, und man dingt die flinke wieder." *rösch* auch Königsh. 463, 9: *gar frechen röschen maidel* Megenberg 183, 13.

Johanni ist noch heute in vielen Gegenden ein Termin, an dem man den Dienstboten Lohn auszahlt, sie entlässt und neue miethet.

195. Peter und Paulus, 29. Juni. *rasten*, im Grabe ruhen, wird namentlich von Heiligen gebraucht Lohengr. 5959 *dâ sunt Peter rastet in sîns münsters trôn*. Vgl. Lexer II, 345.

196. *oleimus*, Oelspeise, vielleicht Fisch.

den kann man fassen als *denn, dann*, wie 185. Besser nimmt man das Wort wohl als Dativ, denen, nämlich Petrus und Paulus. Man sagt sowohl *jemandem*, wie *jemanden rasten*. Vgl. Grimms Wörterb. III, 1353.

197. *gelende*, Landstrich, vgl. Schmeller I, 1483, *geländ*, tractus regionis, Landstrich; auch in der Schweiz üblich und der Aufnahme in die Schriftsprache würdig, um in mehreren Fällen das fremde *Terrain* zu ersetzen. *Dis gelende*, wohl der Sprengel der Abtei Weissenburg, deren Patrone Peter und Paulus waren.

203. Diebolt, Theobald, 1 Juli.
204. Heimsuchung Mariä, 3. Juli.
206. Ulrich, 4. Juli. Der Vers bezieht sich auf Ulrichs Schutzpatronat über Gichtbrüchige. Was der Fisch, den ihn der Dichter in der Hand tragen lässt, bedeutet, habe ich nicht ermitteln können. Nach Nork, Festkalender 456, pflegte man vor der Reformation in England vor Ulrichs Altar Fische zu opfern.

208. *Kilian und sin gesellschaft*, Kilian und seine Genossen, mit denen er auf Anstiften der Gisela meuchlings ermordet wurde. Sein Tag ist der 8. Juli.

209. *sibensleffer*. Dangkrotzheim verwechselt hier Siebenschläfer und die sieben Brüder; letztere werden am 10. Juli, erstere dagegen am 27. Juni verehrt.

Margarethe, früher am 12, dann am 13. Juli verehrt.

210. Praxedis, gewöhnlich am 21. Juli verehrt; für diesen Tag hat aber D. schon einen Heiligen, Arbogast bestimmt; er stellt deshalb die Praxedis auf einen andern Platz, den 14. Juli (Margarethe 13, Aposteltheilung 15. Juli).

213. Arbogast, der 6. Bischof von Strassburg, im Elsass am 21. Juli verehrt. Er sass auf dem Bischofstuhl 27 Jahre lang, von 641 bis 668, vgl. Wimpfelingii catalogus episcoporum Argentinensium, 1508 fol. VII und Hertzog, Edelsässische Chronik, IV, 67 (der die Nach-

richten über die Strassburger Bischöfe meist aus Wimpfelings catalogus entnommen hat). Letzterer berichtet über ihn:

„*S. Arbogastus auch auß Aquitanien bürtig oder, wie etliche schreiben, auß Irland oder Hybernien, der kam inn das Schweitzerland unnd von wegen seiner übertrefflichen tugenden und Christlichen leben, kam er inn grosse hulde unnd heimlichkeit bey obgenantem König Dagaberto, also das er offt seines rhats pflegte, darumb er jhnen zu einem Bischoff zu Straßburg machte, da er vil jar Gottseliglichen lebte und die Kirche wol erbauete unn auffrichte*" u. s. w.

Er wurde begraben auf S. Michaels-Bühel „*und er lag in derselben Capellen 20. jar, darnach wurde das Kloster S. Arbogast und der stifft Surbury gebawen und gestifft, ihn zu ehren unnd wurde sein leib unnd bein genommen und an dise zwey örtern geführt.*" Vgl. Beilagen zu den Strassb. Chron. S. 1052.

216. Maria Magdalena, 25. Juli.

217. Vgl. Einl. S. 17. Ueber die Form *selbs* vgl. Weinhold A. G. § 320.

218. Jacobus. 25. Juli.

Der mere zwölfbotte, Jacobus der ältere vgl. Königsh. 338, 7 wo er Jakobus *der mere* genannt wird: *i irre Herodes Agrippa was der der do sant Jocop den meren dötete und sant Petir in den kerker warf.*

219. Christophorus, 25 Juli.

222 u. 223. Der Glaube, dass an dem Tage, an dem Jemand des Christophorus Antlitz schaut, ihm kein Unglück widerfahren kann, ist ein weit verbreiteter. So heisst es in Sanct Christoffel, vom leben, raisen, wanderschaften und zuständ des grossen S. Christoffels von Nicod. Frischlin, ed. Friedrich Strauss S. 198.

des tages da man S. Christoff siht,
keinem der todt kan schaden nit.

und in Molanus, de sacris picturis S. 27:

Christophori sancti speciem quicunque tuetur,
ista nempe die non morte mala morietur.

Dazu vgl. Stöber a. a. O. „Die Stelle spielt auf eine allgemein im Volke verbreitete Meinung an, der zufolge man oft gefährliche Kranke in die Kirche trug, um sie das riesenmässige Bild des Heiligen anblicken zu lassen. Solcher Bilder gab es in vielen Kirchen. Im Strassburger Münster. links von der künstlichen Uhr, ist noch ein grosses den hl. Christophorus darstellendes Glasgemälde vorhanden u. s. w."

224. *ußgericht*, beendigt oder berichtet.

225. *achtest*, eine auf niederländischen Einfluss zurückzuführende superlative Nebenform, die nur im 14. und 15. Jahrh. nachweisbar ist, sich auch bei andern allemann. Schriftstellern findet, ebenso wie *sübenst*. Weinhold A. G. S. 309. mhd. Gr. § 321. 8.

227. *niemans*. Noch heute im Elsass *niemes*, A. G. S. 448.

228. *bloskoppfs*; sonst nirgends; bei Closener 31, 28 *barhoubet*.

229. *fülen*, faul machen. *begriffen*, ergreifen, vgl. Königshof. Chron. 347, 20 *begriffen mit einem sichtagen*
230. *schliefen*, ahd. *sliofan*, part. *gisloffan*. Auch im Bairischen, Schmeller II, 510. Das Part. *verschlaffen* in einem Elsäss. Gedicht von 1592. (Warnung des Rohraffen zu Strassburg. Alsatia 1858, 102).

232. Petri Kettenfeier, *cincula Petri*, 1. August.

233. Der Peterstag heisst öfters der Kräuterstag. In einer Strassburger Hs. *dominica ante Festum Petri, so man das Cruet wyhet*. Ueber diese Kraut- und Würzweihe vgl. Scheffer-Haltaus S. 120 ff, 125. *mannen* können hier wohl nur die Heiligen sein, denen man nach Haltaus die Kräuter opfert. Sonst kommt freilich *mannen* in diesem Sinne nicht vor.

234. Worauf sich dieser Vers bezieht, habe ich nicht ermitteln können. [Vielleicht ist ein ähnlicher Gegensatz zwischen der Frugalität der Männer und der Leckerei der Frauen gemeint, wie bei S. Helbling 1, 940. Auch hier isst der Mann Kraut, das Weib ein Hühnchen. Martin.]

235. Stephan, 2 August.

236. Oswald, 5. August. *weget die winde dorther*. Diese Verbindung von *wegen* (mhd. *wæjen*) mit dem Acc. *die winde* ist auffallend.

237. Sixtus, 6. August.

238. Laurentius, 10. August.

239. Laurentius wurde nackt in ein eisernes Bett gelegt, das die Gestalt eines Rostes hatte; dann ein Kohlenfeuer unter ihm angeschürt. Als er auf der einen Seite gebraten war, sprach er zu Decius, der zugegen war: Assatum est jam, versa et manduca. (Nork 516.)

240. Mariä Himmelfahrt, 15. August.

243. Timotheus und Simphorian bilden kein Paar. Simphorian wird früher, am 22. August, Timotheus mit Apollinaris zusammen am 23. August verehrt.

244. *füdel*, puella. Vgl. die Lesart *füde* im Druck zu 190.

245. *heil* ist wohl umschreibend, wie einige Mal *kraft*; vgl. zu 95. Ueber Herbstanfang am 24 August vgl zu 161.

246. *dirtes*, auch 467 *dirten*. Vgl. Weinh. A. Gr. § 197.

248. Bartholomäus, 24. August. Er wurde geschunden. Nork 239 bemerkt, dass in Michel Angelos Darstellung des jüngsten Gerichts Bartholomäus dem Heiland seine Haut entgegenhält.

250. Augustin, 28. August.

252. Johannes des Täufers Enthauptung, Decollatio Johannis. 29. August.

253. Adolph, Aulidulfus, 24. Bischof von Strassburg. Ueber ihn sagt Wimpfeling nur *Aulidulfus magna et preclara doctrina preditus fuit. Sedit annis decem*; (von 780—790) Hertzog, IV, 71 berichtet über ihn *Aulidulfus — ist disem hochlöblichen stifft für gestanden zehen jar, was Arnolphi vom grossen Hansz, Pfaltzgraff zu Trier, Hertzog inn Baiern unnd der Maß, Sohn*.

Der St. Adolphestag, 29. August, der Tag der Einweihung des Strassburger Münsters, war für den ganzen Sprengel des Bisthums ein hohes Fest, insbesondere für das Landvolk. Wir besitzen mehrere Urkunden, in denen allen Friede verheissen wird, die an diesem Tage oder *den 4 hochgeziten unser Frowen* in die Stadt kamen, um Ablass im Münster zu erlangen. (Ausführlich spricht hierüber Schneegans, Alsatia 1852, S. 197 ff.).

254. *sin glas brechen*, zu Ende gehn; ein wohl vom Stundenglas entnommenes Bild.

256. *weschen*, vgl. zu 136.

lember lautet der Plural von *lamp, lam*, auch Strassb. Chron. 1016, 29.

257 *omet* Vgl. Grimms Gramm. II, 785.

258. *oigstin* wird der September sonst nicht genannt; zuweilen *der ander ougst.* Vgl. Weinholds Monatsnamen.

260. *segen*, mhd *saejet*, vgl. *wegen* 236.

262. Gilg, Aegidius, 1. September; in den Urkunden Gilgen, Giligen, Ilgentag.

263. Mariä Geburt, nativitas Mariae, 8. September.

265. Protus und Hyacinthus, 11. September.

268. Kreuzerhöhung, exaltatio crucis, 14. Semptember.

271. Euphemia, 16. September. Lampertus, 17. September.

272. *und ist tag und naht den sleht*. Gemeint ist wohl Tag und Nachtgleiche, die nach dem Gregor. Kalender im 15. Jahrh. etwa in die Mitte des September fiel.

274. Matthäus, 21. September.

275. Mauricius, 22. September.

undersig, Niederlage; sonst nicht belegt.

276-279. Mauricius war Soldat der aus 6666 Mann bestehenden thebäischen Legion, die der Bischof von Jerusalem bekehrt hatte, als sie noch im Orient stationiert war. In Savoyen, wohin sie Kaiser Maximian zur Unterdrückung eines Aufstands gesandt hatte, wollte man sie zu einem Götzenopfer zwingen. Ihrer Weigerung halber wurden sie erst decimiert, dann alle niedergehauen.

280. Wenceslaus, 28. September. Eine 1830 in Petersburg aufgefundene Legende berichtet über ihn: Er erfüllte die Werke des Glaubens, indem er Arme speiste, Wittwen beschützte, gefangene Priester loskaufte, gegen Fremde Gastfreundschaft übte und gleich liebevoll gegen Hohe und Niedere war. [Er ist der erste christliche Herzog von Böhmen, von seinem Bruder Boleslaw ermordet den 28. September 935. M.]

282. Michael, 29. September. Der heilige Erzengel war der gewaltigste Bekämpfer der abgefallenen Geister, der Seelenwieger. Ausführlicher hierüber Nork 560—565. Wolf, Beiträge I, 32–38. II, 97 bis 100.

284. *nit schaffen*, nichts ausrichten.

285. *stecken*, Naschen.
286. Hieronymus, 30. September.
287—293. Vgl. *Siben bücher* von dem Feldbau von Carolus Stephanus, Strassburg, Jobin 1579 S. 59: *Disen Monat halt man inn etlichen landen für die beste zeit zu herbsten: und welcher alsdann zum Ersten liset der macht am mehesten Weins Der ander macht am besten Der Dritt macht den lustigsten und lieblichsten.*
294. *rergeren. vergern*, ausgähren, wovon das Part. Prät. *vergorn*, Nürnberg. Polizeiord. 267 und *vergern*. So in einem bairischen Bierbraurecept von 1409 (A. f. K. d. d. V. 1876, 44) *bis daz ez in der potigen gar vergern hat. Veriüren* Nürnb. Pol. 260.
296. *Herbst*, Herbstmonat. Remigius, 1. Oktober.
297. Franciscus, 4. Oktober.
298. Dem heil. Franciscus wurde durch Träume und Stigmata verheissen, dass er dem Herrn gleichförmig werden solle. Vgl. Herm. v. Fritzlar 214: *Eines males dô kniete sanctus Franciscus vor daz krûze und dankete gote siner marter und sines todes, und das krûze sprach zu ime: 'Francisce, mache mir min hûs' und sagete ime, daz ime got alle sine sunde vorgeben hete.*
300. Dionysius Areopagita, 9. Oktober.
301. Calixtus, 14. Oktober.
302. Aurelie, 15. Oktober. Elsäss. Heilige, vgl. Einl. S. 5. Königshofen 732 berichtet über sie: *Sant Aurelie was eine heilige junefrowe under den eilf tusent megeden, die fuorent von Basel den Ryn herabe gein Kölle. do starp sant Aurelie underwegen in Strosburg und wart do begraben noch gotz gebürte 237 jor. die andern wurdent donoch am sehsten tage zuo Kölle gemartelt. do wart donoch über 60 jor sant Mauricius und sine gesellen gemartelt von dem keyser Diocleciano. do wurdent die von Strosburg wider heyden, also doror ist geseit. und do sü wider cristen wurdent, do buwetent sü sant Mauricien und sant Aurelien zuo eren an der stat do sant Aurelien begraben was, ir kirche, noch gotz gebürte uf sehstehalphundert jor.* Die Legende der Heiligen gibt Grandidier, histoire de l'eglise de Strasbourg I, 146. Nach Wolf, Beitr. II, 175 wurde sie in Beziehung zu den sogenannten drei Jungfrauen oder Stifterinnen gebracht. 'In Strassburg erscheint nun neben ihr (der einen der drei Jungfrauen, Ainbeth) und ihren Schwestern gar eine vierte mit dem jedenfalls spätern Namen Aurelia, der zum Trost und zur Unterstützung die heil. Ursula die 3 Jungfrauen Einbetta, Worbetta und Wilbetta zurückgelassen haben soll.'
304. Gallus, 16. Oktober.
Er bringt sein Gallesstück getragen, wohl das Stück, welches man an St. Galli als Geschenk darbietet; in Prag ist dieser Tag jetzt noch ein Termin für den Wohnungswechsel. Vielleicht hat man an ihm dem Lehrer das vierteljährliche Schulgeld bezahlt. *stücke* = Geschenk in *Hochzeitsstück* u. s. w. noch heute.
308. Lucas, 18. Oktober.

309. Ursula und die 11000 Jungfrauen, 21. Oktober. *Kölle.* Bei Closener stets *Kolle.*
310. Severinus, 23. Oktober.
Crispin und Crispinian, 28. Oktober.
311. *rorrir* hat hier nicht die im mhd. gewöhnliche Bedeutung „Tag vor dem Feste," so dass hier der 31. Oktober gemeint wäre, sondern es ist Vorfeier und *der Tag aller Heiligen rorrir* war wenigstens im Elsass ein bestimmter Festtag. Das geht hervor aus einer Elsäss. Urkunde von 1523: *beispiele von der art die jahreszeiten zu begehen*, aus dem Register des Gotteshauses der Gürtler (Alsatia 1858—61, 247): *Item junckfrouwe Guetelin Hans Ribels seligen dochter von Offenburg und jers ratters und muter und aller ier jordern jarzit mitteinander sol man zuo den Barfussen begon un dem nehsten tag noch aller heiligen rorfier sant Symon und Judas tag.* Danach fiele Allerheiligenvorfeier auf den 27. Oktober. Dieser Tag wird auch in einigen Hs. von Königsh. Chron. erwähnt vgl. S. 745. 2 *das ist ron aller heilgen rorfyr untz an sant Katherinen tag.* L, A, B: diese Worte sind als Erklärung hinzugefügt zu *und solte die messe weren vier wuchen, 14 tage vor sant Martins naht und 14 tage dernoch*, wonach wiederum das Fest auf den 27. Oktober fällt.

312. *gehär*, angenehm, auch 315.
315. *wintermonet*, gemeindeutscher Name für den November.
316. *trehen*, schieben.
317. *zuckerschibe*, wohl Pfefferscheibe, sonst nirgends.

regelsbir, wie statt des ungehörigen *regels bier* zu schreiben ist, ist eine Art Königsbirne. Die gewöhnliche Form des Worts ist *regelbir*. *regelbirn* nach Schmeller II, 70 noch heute in Baiern; ebenso in Weinsbergs Ausgabebuch 95 *item ij gulden rär geiten und rär reggelbyrn*.

318. *sulmilch*, saure Milch. Weder diese, noch die Form *surmilch* findet sich sonst. Ueber den Uebergang von *r* zu *l* vgl. A. G. S. 162.

Eine andere, vielleicht richtigere Erklärung gibt Stöber: 'Sulmilich, wenn es kein Schreibfehler für *surmilich* ist, mag wohl eine scherzhafte Benennung des Weines sein; wie man jetzt noch Oktoberthee sagt. *Sul* heisst ein hölzerner Pfahl, hier also Rebpfahl.'

gumpost, eingemachtes Kraut; so auch bei Fischart; bei Murner *gumpst*, in einer Elsäss. Urkunde von 1531 *gumpist*, in der Schweiz *gumpisch*, *gumpist*. (Stöbers Alsatia 1858—61, 326).

320. Allerheiligentag, 1. November.
321. Allerseelentag, 2. November.
323. *das gemeine gebett*, publicae preces 2. Macc. 8, 39 *und sie hielten ein gemein gebet* Flesch. Chron. 53, 11. *in dem das man mess gehalten und das gemein gebet fur sie gethan.*
327. *geswisterde*, Geschwister ; *zergesellen*, Tischgenossen. So auch bei Königshofen 461, 16 und 636, 19.
332. *Lienhard*, Leonhard 6. November Er war Patron der Ge-

fangenen; *compedes vinctorum rumpit* (Lasicz). Bei seinem Grabe sind unzählige Ketten aufgehängt, wie auch in den ihm geweihten Kirchen. Simrock, Mythol. 180. 514.

333. Florentius, 7. November, der 7. Bischof von Strassburg. Hertzog IV, 68: *Florentius auß Schotten, von adelichen Eltern geborn, ist S. Arbogasto inn dem Bistumb nachgefolgt, gleich wie er auch bey seim leben sein Mitlehrer in fürtragung Göttlicher lehr gewesen und geschahe solchs under Keiser Constante zu Rom und König Dagoberten zu Franckreich und Teutschland* u. s. w. Nach Wimpfeling *sedit annis duodecim*, starb aber 676, was nicht stimmt, da sein Vorgänger Arbogast 668 starb.

Er that viele Wunder, heilte Kranke, löschte Feuersbrünste u. s. w. *et usque in hodiernum diem multiculculo et hernia laborantes sese meritis suis adiutos et lenitos esse crediderunt.* (Wimpfeling.) Vgl. Beil. zu Strassb. Chron. 1052.

begon, feiern; Clos. 17, 1 u. s. w.

336. St. Martin, 11. Oktober.

337. Ueber die Festlichkeiten an Martinstag im Elsass handelt Schneegans in Stöbers Alsatia 1851, 65 ff.

338. *trahi*, Speise, Gericht.

339. Ottmar, Abt von St. Gallen, 16. November. Elisabeth, 19. November.

341. Caecilie, 22. November. Clemens 23. November.

342. Wintersanfang, vgl. zu 161.

343. Katharina, 25. November. *die allerliebste mine* = meine Schutzpatronin; S. Einleitung S. 8.

houbet, Anfang, Beginn; in dieser Bedeutung wohl selten; sonst kommt es öfters in übertragener Bedeutung vor, der hervorragende Führer, Landschaft, Stadt u. s. w.

345. *genanne*, Namensgenosse.

Konrad, 26. November.

346. *Costenz;* Conrad war eigentlich Bischof von Coutance in Frankreich; aber auch andre nennen ihn als Bischof von Constanz, so Herrmann von Sachsenheim in der Mörin 3551 als Stifter von Constanz; dann heisst es in St. Ulrichsleben, ed. Schmeller V. 456 *daz von Kostenze bisschof Cuonrat*.

350 *Cuonzman*, nach Grimm. Wörterb. V, 2747 Deminutiv zu *Kuontz*; im Aargau als 'Sohn des Konrad;' die gewöhnliche Form ist *Kuntzelmann*.

351. *ecker*, die Eckern. Das Wort kommt als Mascul. (nach Grimm in Sebiz Feldbuch 546 *grosze förste und wälde, darin der ecker wachset*), wie als Fem. vor. Nach Lexer auch als Neutr. in d. Nürnb. Pol. 302 *und swenne ecker wirt, so soll der vorstmaister* u. s. w. Das Treiben der Schweine in die Eckern wird öfters erwähnt, so in derselben Polizeiordnung 302 *der mac seine swein, die er in sinem hause biderben wil, wol in die aicheln treiben.*

352. Andreas, 30. November.
360—362. Barbara, 4. Dezember. Vgl. S. 17.
361. *was lütes sich in iren dienst gent* kann man wohl als ἀπὸ κοινοῦ zu sterken, wie zum folgenden *die sterbent nit ons sacrament* ziehen.
364. Nicolaus, 6. Dezember, ist Patron der Kinder. worüber ausführlich Wolf, Beiträge II, 103 spricht.
sich antuon, sich anziehen, verkleiden: auch Königsh. Chron.
731. 6 *do wart bi dem selben turne gemaht eine nuwe sacristyge, do inne sich die ricarien aneduomt.*
368. Mariä Empfängniss, 8. Dezember.
371. Ottilie und Lucie. 13. Dezember.
372. *bewert*, erprobt, wie Königsh. 363, 27. *zwene wise bewerte heiden.* 377, 2 *bewerte biecher.* Closener 118, 26 *bewerter bosewihte.*
373. *zwiflen was.* Ueber *sin* mit dem Inf. vgl. Kehrein, Gramm. des 15.—17. Jahrhunderts, III, 8.
374. *didimus*, Zweifler, vgl. Dieffenbach, gloss. Thomas, 21. Dez.
378. *sich liren*, sich leiern: vielleicht = es wird nichts daraus werden.
380. *das*, so dass. *erberlüte*, ehrbare Leute, auch 477. (Bei Königsh. hat das Wort sowohl die Bedeutung ehrbar, wie angesehen und zum reichen Bürgerstand gehörig): wahrscheinlich die Handwerksleute, wie auch in Hertzogs Edelsäss. Chronik IX, 150).
381. *einig*, Adverbium; so auch 466.
latwerige, ein dicker Saft und *lebekuochen* auch Chron. 1016, 27.
384. *verschulden umb einen* = seine Schuld abtragen, vgl. Iwein 7985 *è ich die grözen minne ze rehte umb iuch verschulden müge.* Das gewöhnliche ist *verschulden gegen* oder *wider einen.*
387. Stephan, der erste Märtyrer, 26. Dezember.
389. *versteinen*, steinigen; auch Königshof. 274, 17.
392. Johannes der Evangelist, 27. Dezember.
393. Das Fest der unschuldigen Kindlein, 28. December, zum Gedächtniss des Bethlehemitischen Kindermords gefeiert.
395. *flöhet*, flüchtet, bringt in Sicherheit.
397 *jerig*, annuus, ein Jahr alt.
398. Thomas von Canterbury, 29. December; in den Urkunden fast stets Thomas von Kandelberg.
399. *behte* ist im Elsass und der nördlichen Schweiz ein fröhlicher Umzug durch das Land zu Ende oder zu Beginn des Jahres. Ueber ihn handelt ausführlich Stöber, Alsatia 1852, 147—150.
Danach ist *Bechte* = *Berchta*, die in den oberdeutschen Gegenden dasselbe Wesen ist, wie in Mitteldeutschland Frau Holle, die leuchtende, glänzende, Hehre; nur herrscht in den Erzählungen von Frau Berchta die böse Bedeutung vor, wie in denen von Frau Holle die gute, (meines Wissens tritt auch bei dieser die böse Bedeutung mehr hervor, als die gute). Nach Grimm, Wörterb. I, 1214 ist unser

Dichter der erste, der dieser heidnischen Göttin und ihrer Umzüge gedenkt.

Dass im Elsass der Berchtetag oder Bechtentag mit besondern Gastereien begangen wurde, geht aus manchen Zeugnissen hervor. aus denen zugleich ersichtlich ist, wie *bechten* zu einer andern Bedeutung kam. So heisst es in den Statuten der Strassburger Schifferzunft fol. 46 (Scherz, Glossar fol. 108) *alsdann die hantwerckskneeht oder knaben nach alter gewonheit in den wynachtfüertagen gebechtet und von einer stuben zu der andern, ouch frummen luiten in ir huisere gelouffen sint, gutzen und noysen, das sol ouch nit me sin, sondern welhe hantwerksknecht oder knaben bechten wöllent, die mögent louffen uff die stuben und in der meister huisere ins hantwercks und nit witer by der pene XXX β. pf.* Geiler von Kaisersberg wendet den Ausdruck *bechten* auf die in Strassburg an Pfingsten gebräuchlichen Vermummungen an. Hier heisst es auch vor oder in den Häusern Gaben sammeln. Möglicherweise kommt daher der Ausdruck fechten.

mitte bchten 404 ist wohl in der Bedeutung „einsammelnd" zu fassen.

402. *rriß*, Mahlzeit. Das Wort findet sich noch in Langensteins Martina *wir sin gewis alle hie des tödes fris*, wir müssen alle sterben. Es bestand in einigen Gegenden des Elsass die Sitte, an einem bestimmten Tag in die Küchen der Leute sich zu schleichen und die Speisen, deren man habhaft werden konnte, mitzunehmen, dann eine Gasterei davon zu veranstalten.

405. *afftragen*, Speisen auftragen, auch 491.

one alles duren, ohne alles Bedauern, Mitleid; dann heisst es *sine parsimonia*, reichlich; so bei Maaler, die *teutsch* sprach 8s6ᵇ *on alles dauren und sparen* (Grimms Wörterb. II, 843.)

408. Silvester, 31. December.

410. *mit dem, so* vgl. zu 80.

411. *ingen* vom Jahre = beginnen, findet sich öfters; so bei Logau 2, 174, B

heute geht ein altes abe,
gehet ein ein neues iahr.

dann im Elsässer Kalender d. Kopenhag. Hs. d. 14. Jhrh. (Zeitschr. VI. 350) beim 1. Januar *daz ingande jar daz got besnitten wart*.

Andre Beispiele in Grimms Wörterbuch.

415. ff. Jetzt wendet sich der Dichter wohl an seine Schuljugend, indem er sie auffordert nun einmal zusammenzurechnen, welche Bedürfnisse er das Jahr über habe und danach ihre Gaben einzurichten. Es sind das natürlich nicht genau die Ausgaben, die er gehabt, sondern es werden nur die in einem Haushalt, wie der seinige, nöthigen zusammengestellt und dies zu einem launigen Ausfall auf die Verschwendung bürgerlicher Haushaltungen benutzt.

Einen Anstoss erregt 447—450 *ein schilling nam din lieber ette, die verspielt er nehten im brette ff.* Spricht er vielleicht scherzhaft von

sich selbst, indem er sich an einen Enkel von sich wendet? Nach
Stöber an seinen, wahrscheinlich ältesten Sohn, an den nach ihm überhaupt
die ganze Stelle gerichtet ist.)
Ueber das Elsäss. Münzwesen der Zeit vgl. Beilage V zu den
Strassburger Chroniken.

417. *verspenden*, kommt nur noch vor in dem wohl Elsässischen
Gedicht *der geistliche streit* in Pfeiffers ad. Uebungsbuch 146 V. 442:

er sprach frowe ir hant mit wisen muot
das ir verspendent uwer gut nothaften luten.

423. *karrichwęeken*, wohl eine Art Backwerk; an „einen Wagen
Wecke" ist nicht zu denken: dies müsste *ein karrichwecken* heissen.
In der Zusammenstellung Elsässischen Backwerks in Frommann, deutsche
Mundarten IV. 473, 474, ist dieses Gebäck allerdings nicht mit erwähnt.

424. Zu *bruchen* ist vielleicht zu vergleichen aus einem Brief des
15. Jahrh. (Alsatia 1854, 173) *wir hand aber, von gotz genaden win
und korn und leber gennog zu bruchen und hand doch allday ryl
menschen zuo disch gon.*

425. *durch* = von; so auch 436.

428. *slige*, Schleihe. *bresem*, ein Fisch, wohl derselbe, der nach
Schmeller I. 344 in Baiern *brächsen, brassen* heisst, *cyprinus brama*;
im Inventar der fahrenden Habe des Schlosses Hohenkönigsberg von
1530 (Alsatia 1858—1861 S. 327): *prochzen. ol. Aal; kressa*, Gründling;
nase, Näsling. Die ältesten deutschen Hexameter im Ruodlieb
XIII, 14 enthalten eine Aufzählung von Fischen, von denen vier,
Brasse, Karpfen. Nase, Aal auch bei uns vorkommen:

Prahsinn, lahs, charpho, tinco, barbatulus orro
Alet Naso qui bini nimis intus sunt acerso.

435. *ein ickis für ein u machen*, eine X für V machen, doppelt
anschreiben; weshalb das hier geschehen soll, ist nicht recht ersichtlich.

440. *one einen drissig* = 29.

442. *kappe*, Kapaun, Königshof. 676, 2, Beilage zu den Strassb.
Chr. 1011, 32. 1016, 28.

444 *sester*, ein Getraidemaass. vgl. Schmeller, II, 233 und Weigand
II, 703. Danach ist es in Baden $^1/_{10}$ Malter (15 Liter); ehedem
auch im Elsass und der Schweiz als Maass für Flüssigkeit 7,45 Liter.
Bei Königsh. *schster* und *sester*.

448. *brett*, Brettspiel.

449. *r rwalen*, im Spiel verlieren.

453. *feder* kann man fassen als kostbare Feder, vielleicht
Straussenfeder, die als Sonnenschirme gebraucht wurden. Sonst ist
redere = flaumiges Pelzwerk (Dietr. 658. Licht. 348, 4. Troj Kr. 3004:
din reder uz dem tuoche bar ir blanken und ir brunen glast.

454. *limbelleder*, Leder zum Ausbessern der Schuhe. *limbel* =
Schuhfleck; unsre Zusammensetzung findet sich sonst nirgends.

8*

455. *strel*, Kamm.

457 *pint* wird wohl verstümmelt sein aus *pigmentum*, welches nach Dieffenbach auch die Bedeutung hat: *zesamen gestossen specerey; vil specerey*.

459. *gewender*, Tuchwaaren — Kleiderhändler vgl. Weinsbergs Ausgabebuch S. 29, 19 *duchgewender*. (Stöber: dem Flurschützen von *gewand, gewünde*).

464. *meder*, Mäher, Königsh. 827, 14.

465. *tagewoner*, Taglöhner, von *tagwon* = Taglohn, Königsh. 745, A. 2 *das dotent vormols die raszieher mit armen knehten und mit seylen, den geschach do ein übel tagewon, daz in der nutz enging!*

468. *das ding*, hier das Geld, Hab und Gut. So nach Grimm II, 1161 bei H. Sachs 4. 3. 92.

die frawe weest nichts von seinen dingen (von dem versteckten Geld des verstorbenen Mannes).

liesz in begraben und besingen und Fischart, Garg. 90ª.

> *So will ich dir auch bringen*
> *ein gut einkumm*
> *nur glaub mir drumm,*
> *kämst noch zu groszen dingen.*

enzeling, einzeln; nach Schmeller I, 89 kommt auch in Baiern diese Form neben *einzilig, ainzling* vor: *eintzellich* Weinsbergs Ausgabebuch S. 16.

469. *wellen*, Wellen, Holz.

pfrime, Schuhmacherpfrieme?

470. *messe rrümen*, Stiften einer Messe. In einer Elsäss. Schrift von 1523, Register des Gotteshauses der Gürteler, Alsatia 1858, 248. *und sol ein swester zuo yeder selmesz 1 ₰ frummen* u. s. w.

471. *brüte*, Hochzeit, vgl. Grimm Wörterb. II. 333, *brüute, nuptiae;* nhd. *briute;* zu einer Braut oder Bräute laden, gehn, sich einfinden. Oberlin 192 *uf allen hochzeiten, brüten, kilchwcihin*. Königsh. 511, 2 *daz ist am sunnentage, so men das alleluya hinleit und brüte verbütet*.

472. *varende lüte*, umherziehende Sänger, Spielleute u. s. w. Königsh. 431, 13; 482, 16.

478. *min seckel ist von affenhüten* = mein Seckel vermag das Geld nicht zu halten. *affenhut* hat sonst die Bedeutung Thorenhaut: so in einem Colmarer Meistergesang, (Bartsch CXIX. 28) *wan ez sint tören giegen narren in ir affenhiuten*.

481. *güder*, Vergeuder, Schlemmer.

483. Hs. *buoche*, wohl = Schuldbuch, in dieser Form allerdings sonst nicht belegt.

485. *der* = *dar*, dahin.

486. *rechenpfennige*, hier wohl nicht Rechenmarke, sondern Geld. Diese allgemeinere Bedeutung hat bei Closener *pfennig* 74, 8 *do noment sü mit in, was sü in baren pfenningen hattent*.

491. Da trage (Speisen) auf den Tag, so lange es hell ist; oder so lange das Einkommen ausreicht' (?).
500. Willst du nur, so bringst du es wohl zu Stande.
502. *frigermuot*, freier Sinn: die Schulden haben ihm allen freien, frischen Muth benommen, stets ist er in Sorgen.
503. *wildes gedenken*, wohl = wilde, unruhige Träume.
509. *claffe*, schwatze, in üblem Sinne. So auch Oberl. bihtebuch *32 die eierde (houbetsinde) ist kleffen* oder *kleffiger krieg.*
515. *geschid*, hier verschmitzt, betrügerisch.
vertören, bethören; Clos. 45. 16.
516. *den hasen mit dem stören essen*, du kannst Hausen und Störe essen; wohlauf und reichlich leben.
517. [Hörst himmlische Musik d. h. lässt es dir wohl sein, bist frohen Muthes; vgl. der Himmel hängt einem voller Bassgeigen· Martin].
528. *Est*, es ist, wie 14. 115. 257 *dast* = das ist.
dolme, adv. jetzt, heute. Nach Grimms Wörterb. II, 698 unter *daling* ist die ursprüngliche Form *tagelanc*, gekürzt *tälanc, tälä* (Neidhart); *dalme, doleme, dolme*: eigentlich heisst es *den tag über*. Unsre Bedeutung hat es bei Murner, Schelmenzunfts: *deins rüfens wär doch dolme gnug.*
529. *bekumen*, begegnen: das passt hier nicht recht, da der Angeredete aus Dangkrotzheims Haus kommend gedacht wird.
541. *struben*, eine Art Backwerk.
544. *lutertrank*, vgl. Wackernagel, kleine Schriften I, 86. (Haupts Zeitschr. VI, 261.) Beil. zu Strassb. Chron. 1016, 28.
moß, es gab grosse und kleine Maass: erstere = $^1/_{24}$ Ohm = 1,92, letzteres $^1/_{30}$ Ohm = 1,53 Liter, (Nelkenbrecher, Taschenbuch der Münz, Maass- und Gewichtskunde.)
555. *üt*, etwas; kommt auch vor in einer von Dangkrotzheim ausgestellten Urkunde von 1410.
556. *früntschaft bewisen*, einen Gefallen thun. So auch in einem Brief des 15. Jahrh. an den Edlen Wilh. von Rappelstein (Alsatia 1854, 171): *doch so bitten wir dich gar fruntlich in swesterlicher liebe, daz du uns in dieser fast dine fruntschaft bewisest und unsern wirdigen convent ein mol wellest begoben mit fischen.*

REGISTER ZUM NAMENBUCH.

(Die Zahlen bezeichnen die Verse des Namenbuchs).

A.

abegon 495
Abrell 117. 142.
achsel 221. 403.
achtest 225.
ackerpfert 506.
Adolf 253.
Adrian 97.
advent 356.
Agatha 80.
Agnes 54.
Allerheiligentag 320.
allerliebst 343.
allermenglich 201.
allzit 512.
almuosen 329.
als 186.
alsdenne 233.
Ambrosius 120.
amen 554.
amme 451.
Andreas 352.
anheben 75. 412. sich 503.
anlou, sich 65 161.
anmachen 484.
Anna 369.
Anthenie 52.
antlit 223.
antuon, sich 366.
antwurten 171 353.
Arbogast 213.
arg 508.
von böser art sin 231.
Asyndetisches Aneinanderreihen von Namen 52, von Sätzen 80.
affenhut 478.
after 404.
Augustin 250.
Aurelie 302.

B.

Baden 149.
bank 504.
bantlöser 332.
baptiste 188.
Barbel 360.
barschatt 479.
Barnabas 182.
Bartholomäus 248.
barfuoß 141. 227.
becken 89.
beder 463.
begeren 293.
begnoden 55.
begoben 181.
begon 337. 365.
begriffen 229.
Behte 399. 404.
bekerer 58
bekleren 38.
bekumen 529.
bender 460.
Benedict 108.
bengel 109.
berlehtelöcke 25.
bescheiden 132.
besen 429.
besess 69.
beslagen 47, ein pfert 473. mit golde 23.
betrahten 7.
betüten 60.
betten 140.
bewaren 242.
bewert 372.
bewisen 169. früntschaft iem. 556.
bezeichen 64.
bihter 130. 304.
bischof 253 u. s. w.

bitze 375.
Blasius 78.
bloßkoppfs 228.
Bonifacius 174.
borte 23 157
bouwelrock 26.
brechen intr. 92. sin glas brechen 254.
bredigerstuol 17.
bresem 430.
bretlin 249.
brett 448.
Bride 70.
brocken 32.
Brochmonet 169. 198.
brost 291.
broten Subst. 401. 425. Verb. 402.
brotwurst 409.
bruchen 424.
brunne 178.
brüte 471.
brüteln 144.
buobe 165.
buoche 483.

C.

Calixtus 301.
Cantelberg 398.
Cecilie 341.
Christoferus 220.
Clement 341.
Clibeltag 115. 526.
Costenz 346.
Cuonrat 34. 345. 529.
Crispin 310
cristenheit 242.

D.

dahinderstrecken 508.
Dangkrotzheim 34. 529
dann vgl. 15.
darabe 394.
darafter 164.
darhünden 508.
darnoch vgl. 49.
dast 14, 115. 257.
der 485.
derniderligen 192.
didimus 374.
Diebolt 203.
dienst 361.
dienstmegde 187.
ding 468. 520.
dingen 191. 426.
Dionys 300.
dirt 246. 467.

dishalb 93.
do 87. vgl. Anm.
dolme 528.
Dorothee 81.
dorther 236.
dofür 299.
dun 442.
durchgelert 98.
duren 405.

E.

ebbetie 109.
eben 412.
ecker 351.
einig 381. 466.
einsidel 50.
Elisabeth 339.
enden 240. 286. sich 245.
engelsch 367.
enphengniss 368.
enthouben 252.
entslofen 105.
enweg 468.
enzeling 468.
Erasmus 173.
erberlüte 380. 477.
erbermde 280.
Erhart 48.
erheben 267.
erkant, wol 29.
erlühter 119.
erne 202. 466.
ernst 34.
erzengel 110.
erweren, sich 138.
erzügen 45. 492.
est 528.
ette 139. 324. 447.
Eufemia 271.
evangelist 131. 274. u. s. w.
exempel 72.

F. vgl. V.

Fabianus 53.
Felician 180.
Francis 297.

G.

Gabriel 110..
Galle 104.
gallestucke 305.
galreige 541.
geburen 434.
gasse 404.
gedenken Verb. 496. 546. Subst. 503.

geh 129
gehorsam 2.
gehür 312. 315.
gelende 197.
gelid 207.
gemein 323. das gemeine gebett.
genanne 345.
genowe 490.
gerber 462.
geroten 270. 403. sich 163. 187.
Gertrut 104.
geschid 515.
geschirr 45.
geslehte 400.
geschrift 100.
geswüsterde 327.
geselle 117. 165. 265.
gesellschaft 208.
gespotten 193.
gestendig 420.
gevider 87.
gewender 459.
Gilgentag 262.
güder 481.
glas brechen 254.
glich 412.
glöibig 321.
goben 380.
goldsmid 482.
gouch 193.
Gregorius 99.
güder 481.
gülte 492. 494.
gumpost 319.

H.

habermel 456.
Hagenowe 153.
hamme 437.
han 439.
hantgift 380
harnsch 474.
Hartmonet 355.
hecht 430.
heil 245.
heim 353. 528. 537.
heischen 464. 482.
heissen 239. 269.
helfer 129.
helle 328.
henken, sich 283.
henne 284. 439
herbest 247. 296. 314.
Herbestmonet 287.
herlangen 486
bernoher 270.
Herodes 396.

herfür 532.
herfürher 382.
herwider 88.
herzog 281.
himelfürst 85.
himelrich 298.
himelscher gruoß 111.
hinnen, von 330
hochgezit 377.
holfen 184.
Hornig 69.
hose 383.
houbet 342.
howen drin 535.
Höwemonet 199. 203. 224.
hube 25. 155. 446.
hündennoch 450.
hunigseim 33.
huse 516.
hut 248.

I.

iekis 435.
Iheronimus 286.
ilen 108.
imbiss 427.
infueren 260
ingen 411.
Inversion 15. 16.
is 92.

J.

Jacint 265.
Jacobus 146. 218.
Jenner 43. 68.
Jergen 128.
jerig 397.
jerlich 355.
Jo 447.
Joachim 370.
Johans 158. 188. 252 392.
jormerkt 153.
Juliana 86.
Julius 199.
jung 7.
jungfrowe 4. u. s. w.
Jussa Jo 536.

K.

kappe 442.
karpen 428.
karrichwecken 423.
karwoche 126.
Katherine 344.
kecklich 532.
kerbel 305.
kese 135.

kesten 316. 444.
Kilian 208.
kinttouf 471.
klaffen 509.
klorheit 72.
kluog 431.
knebelin 397.
Kölle 309.
koufman 152.
kraft 95. 207. 338
kremer 459.
kresse 433
kriegen 493.
kromen 151 269.
krut 103. 233.
knonzman 350.
kürzen 186.

L.

laben 295.
Lamprecht 271.
latin 205.
latwerige 381.
Laurentius 238.
lebekuochen 381.
lamp. pl. lember 256.
leren 9 77.
lerer 99. 250.
lerfrowe 155.
lichtmesse 70.
Lienhart 332.
ligen 184. 192.
lihen 506.
liht 79. 349. 191.
limbelleder 154.
liren, sich 378.
locken 31.
loub 118.
Lucas 308.
Lucie 371.
lustlich 229.
lutertrank 544.
lüte 64.
lütselig 29

M.

machen, sich 88. 152. 175.
malmasie 545
mannen 233.
Margaretha 209.
Maria Magdalena 216.
marteler 175. 235. 301. 387.
Martin 336.
Marx 130.
Marzolf 52.
Mathis 91.
Matheus 274.

Mauritius 275.
Medehard 177.
meder 464.
megetin 20.
Meige 143. 168. 290.
megen 257.
meister 307.
menglich 101. 201.
menig 350.
merder mere 218.
merer 100.
mersee 93
Merz 95. 116.
messen 190
messevrümen 470.
meßtag kromen 269.
mesten 143.
Michel 282.
milroum 32.
minne 139. 324
han zuo etwas 11.
minsam 297.
mirre 46.
most 292.
moß 544.
mügig 60.
mus 106.
müseloch 107.

N.

nachtgall 192.
nambuoch 30.
nase 433.
nebel 63.
nebent 18.
nehten 448.
Niclaus 361.
Nicomedis 172.
niemans 227.
nochgebure 406.

O.

obent 379.
obes 260.
oder lossen 148. 390.
offenbor tuon 39.
Ohswalt 236.
ol 431.
oleimuos 196.
omet 257.
oppfergelt 470.
orgelroere 517
Ostern 151.
Ostertag 124.
Ottmar 339.
Ougste 225. 254.
Öigstin 258. 286.

*

P.

Pancratius 159
patterone 35
Paulus 50. 58. 195.
persone 36.
Peter 8 (6 195.
Petronella 168.
Petrus 232.
pfeffer 541
pfiffen 517.
pflanzen 102.
pflegen e. gen. 280. 317.
pfluog 96.
pfrime 469.
Philipp 146.
pin 238.
pint 457.
porte 158
Praxede 240.
Primus 180
Proge 284.
Prothus 265.
prüefen 590.
psitacus 145.

Q.

quelen 322.
quellen 178.
Quirinus 173.

R.

rasten 195
ratte 106
rebe 163.
rebman 460.
rechenpfenning 486.
regelsbir 317.
Remigius 296.
rettich 166.
Rin 309.
rintfleisch 167. 426.
Rome 195. 232.
rorpfose 145.
rose 82.
rösch 191.
rössel 12. 19. 531.
rost 239.
rückgrot 436.
ruobe 166.
rüsten, sich 331. 415.

S.

sack 134. 261. 424. 527.
sacrament 362.
satteln 13.
schaffen 284.

scharf 65.
scheren 256.
scherer 463.
schetzen 378.
schilling 423. 447.
schirm 328.
schirmen 554.
schowen lon sich 367.
schuolrebt 307.
schuoster 462.
schutz 177
Scholastica 82.
Sebastian 53.
seckel 478. 493.
segen 261
selbs 217.
selig man 54. 176
senfte 350.
sester 444.
Severinus 310.
sibensleffer 209.
siden borten 23. 157.
siech 340
sieden 234
Silvester 408.
simel 80
simelknochen 32.
Simeon 73.
Simphorion 243.
Singeltrag 189.
Sixtus 237.
sleeken 285.
sle 319.
sleht 272
sliessen 230.
slige 128.
smalz 457.
snider 482.
so vgl. zu 101.
socken 313.
Sophie 169.
sosse 513.
sparen 150. 499.
speck 467.
sper 518.
spille 106.
spiß 171. 401.
spotten 193.
springen 84.
stal 532.
statt 281.
Stephan 235. 387.
sterken 360.
sterne 287.
stiff 13. 27.
sten 228.
stör 516.

störkelin 87.
stossen 401. 527.
stot 346.
strel 455.
stroffbor 555.
stroffen 556.
strosse 147. 389.
Strosburg 253.
strube 541.
strumen 179.
stuobe 303. 312.
su 436
sübensleffer 209.
süden 231.
sulmilch 319.
sumer 245.
swalme 144.
swamm 452.
swanz 334.
swarz 284.
swin 249. 125. 475.
swinden 62. 458.
swingen 87.

T.

tagewoner 465.
tasten 375.
teil neutr. 246.
tesche 155.
Thiburtius 127.
Thimotheus 56. 243.
Thomas 374. 398.
töten 396.
traht 338.
trappe 441.
trechen 316.
treffen, sich 498
triegen 491.
Trier 92.
tröimen 14.
trösch 464.
tröschen 261.
trumen 89.
tube 445.
turteltube 156. 542.
tuon 39. 487; mit dem Inf. 244
266.

U.

u 435.
Ulrich 206.
unbefangen 370.
umbsus 285.
und vgl. zu 29.
undersig 275.
undrer Anm. zu 90
untier 90.

unze 421. 442.
Urban 182.
urlüge 66.
ürten Anm zu 133.
uffrihten 282.
uffrüsten 187.
uffsterzen 96.
uffston 63.
uffwerfen 536.
ußerslüfen 230.
ußerwelt 215
ußgen 416.
ußgon 354
ußrichten 224.
ußfüern 168.
Utilie 371.

V und F.

Valentin 85
Valerian 127
varende lüte 472.
vasanthenne 512.
vast 214. 510
vasten 140. 196 348. 359. 376.
feder 453.
vegen 474.
fegefür 322.
veh 22.
vellen 266.
venie 51
verderben 277.
vergeren 294.
vermügen, sich 116. 203.
verschulden 384.
verseren 514.
versmehen 507.
verspenden 417.
verspilen 148.
versteinen 389
vertören 515.
vertuon 501.
verwalen 449.
ferwer 461.
vier 335.
vihe 64
fülen 229.
Vincent 56.
viren 133 377
visch 206. 510.
visitatio 205.
Vit 183.
fladen 135. 541.
flamme 553.
flesche 136.
flühen 395.
fluckenbelge 26.
Florenze 333.

flücke 170.
folant 285.
volletuon 142.
volmonschin 123.
vorabe 168. 227. 292. 331. 356.
forchtsam 73.
vorgenant 4. 552.
vornen 549.
vorvir 311
vri 572. 502.
frist 273.
vriß 402.
frucht 60.
frumm 350.
früntschaft 556.
füdel 244.
füegen 385.
füllen 261.
ful 190. eins fulen eiges wert sin 37.
fülen 229.
fuoder 419.
fuoter 22. 257.
füern in 260.
füres pin 258.

W.

wagen 299.
Waltpurg 147.
wann vgl. zu 15.
warm 312.
warnemen 59.
we geschehen 62.
weber 461.
wecke 423.
wegen 236.
welch 11.
welle 469.
welsch 515.

wenden 239.
Wenzelaw 280.
weschen 256. 303.
widerkere 185.
wigen 127.
wihen 233.
wihenachtobent 379.
wihenachttag 386.
wihern 533.
wilkum 534.
wile 415. 492.
willieliche 376.
wiltpret 540.
wintermonet 315. 354.
wirauch 46.
woge 282.
wolan 529.
wolsmackend 103.
wot 367.
wucheliche 421.
wunne 60.
würze 457.
wüschen, herfür 552.

Z.

zeichen 391.
zeren 137. 488.
zergeselle 327.
zieren, sich 163. 366
zins 495.
zittig 291.
zittigen 259.
zöimen 132.
zuckerschibe 317.
zuokunft 357
zuoslüßen 314.
zwölfbotte 56. 91. 94. 182 194. 211. 218 u. s. w
zwiflen 373.

BERICHTIGUNGEN.

S 1 Z. 22 lies 34 statt 311.
„ 4 „ 18 lies *heilye* statt *heilige*.
„ „ c 1 von unten lies *Sante Florenze* statt *Sant Florentz*.
„ 5 „ 6 lies *so kumet dann* statt *do kumet*.
„ 21 „ 17 lies *rerchre* statt *rerchrte*.